Bei uns im Revier

Nachrichten, Berichte und
Reportagen aus dem Ruhrgebiet

Für den Deutschunterricht der Sekundarstufe I

herausgegeben von
Klaus-Michael Bogdal, Erhard Schütz und Jochen Vogt

Best.-Nr. 25 340 9
Ferdinand Schöningh, Paderborn

Lehrerkommentare und didaktische Hinweise zu diesem Arbeitsheft können angefordert werden beim Kommunalverband Ruhrgebiet, Abteilung VII, Kronprinzenstraße 35, Essen 1.

(Verlag Ferdinand Schöningh, Jühenplatz 1, D 4790 Paderborn)

Printed in Germany. Gesamtherstellung Ferdinand Schöningh.

Druck 5 4 3 2 1 Jahr 92 91 90 89 88

ISBN 3-506-25340-9

Inhalt

V. „Bei uns is wat los!“

VI. Grauer Pott oder Grünes Revier?

* Titel von den Herausgebern

Vorwort für Leser zwischen 12 und 16

Was weißt Du eigentlich über das Ruhrgebiet, was weißt Du über die Stadt, in der Du lebst?

Wir meinen nicht das, was Du in der Schule gelernt hast, sondern die Dinge, die tagtäglich geschehen, die kleinen und großen Ereignisse, die in der *Zeitung* stehen!

– Die haben gut reden, wirst Du uns entgegenhalten. Morgens, beim Frühstück, gibt der Vater die Zeitung nicht aus der Hand. Und nachmittags, nach den Schularbeiten, liegt sie meist schon wieder beim Altpapier.

– Richtig! Und trotzdem. Dir ist eine Menge entgangen.

– Aber, wirst Du einwenden, ich habe meine Comics, meine Musik- und Modezeitschriften. An denen vergreifen sich weder Mutter noch Vater.

Doch darin findest Du leider nichts über das, was zwischen Dortmund und Duisburg alles los ist. Was dort passiert, *das* ist für Dich wichtig, das betrifft Dich, gleich ob, wie in Hattingen, ein großes Werk stillgelegt wird oder eine neue Eisbahn eröffnet wird usw.

Nur wer gut informiert ist über seinen Stadtteil, über seine Stadt, das Ruhrgebiet, der kann von sich sagen, daß er dazugehört.

Wer gut informiert ist, der kann auch mitreden. Der kann andere, Besucher oder Gäste, davon überzeugen, wie es bei uns wirklich aussieht. Über das Ruhrgebiet bestehen viele Vorurteile, mehr als über jede andere Region in der Bundesrepublik. Im Heft findest Du dazu einige Beispiele. Das sind immer auch Vorurteile über die Menschen. Da schreiben Leute also auch über Dich.

– Da kann man nichts machen, wirst Du sagen.

– Doch!

Aber wie?

Wir haben Beispiele aus der regionalen Presse zusammengestellt, Nachrichten, Berichte, Reportagen, Interviews, Portraits usw. aus lokalen und regionalen Zeitungen, die aus unserer Sicht geschrieben sind.

In der Schule haben wir noch mehr Möglichkeiten als zu lesen. Du kannst lernen, verzerrende Darstellungen sachkundig zu kritisieren, Du kannst die sachgerechten Informationen als Argumente verwenden. Du kannst in Deiner Klasse noch einen Schritt weitergehen. Mit Hilfe des Materials, das Du in diesem Heft findest, kannst Du selber zum Berichterstatter und zum Reporter des Reviers werden.

Wer sich auskennt und es sogar gelernt hat, eine spannende Reportage oder ein interessantes Interview zu verfassen, der wird gehört und ernstgenommen.

Gelegenheiten zum Schreiben kannst Du Dir selbst schaffen: die Klassenzeitung, die Schülerzeitung, die Stadtteilzeitung, in der Projektwoche Deiner Schule usw.

Wir hoffen, daß Du in diesem Heft genügend Anregungen für all das findest: für Themen, für Kritik und für die Gestaltung Deiner Texte.

Und wenn Du – oder Ihr als Klasse oder Arbeitsgruppe – Eure Meinungen zu diesem Heft, Eure Vorschläge und Kritikpunkte einmal aufschreiben und uns, den Herausgebern, schicken wollt, dann würden wir uns sehr freuen:

Klaus-Michael Bogdal, Bert-Brecht-Gymnasium Dortmund
Erhard Schütz und Jochen Vogt, Universität Essen

I. Nach Hause und einmal quer durch

1 Heinrich Böll
Wieder im Ruhrgebiet*

Nicht weit hinter Duisburg, kurz vor Oberhausen, an einer Stelle, wo die Silhouette[1] großer Industriewerke schon zu sehen ist, führt die Straße durch grüne Uferweiden, führt eine Brücke über einen hübschen Fluß mittlerer Größe, den ein Blechschild lakonisch als *Ruhr* kennzeichnet. Mitten auf der Brücke, den Vorschriften zuwider, hält ein kleines Auto, dessen Dach mit Camping-Komfort bepackt ist: Zeltplanen, Bambusstangen, Geschirr, hübsche Stühle, zusammengeklappt; Camping-Komfort, genossen an der Côte d'Azur, genossen in Venedig, der Schweiz und bei der Heimfahrt am Rhein entlang; drei Wochen Urlaub in Gefilden, wo es weder Hochöfen noch Zechen gibt. Das kleine Auto ist mit Plaketten beklebt aus Chamonix und Genua, von der Lorelei und dem Drachenfels. Innen baumelt eine bastumflochtene Rotweinflasche: ein Andenken aus Italien.

Dem Auto, das kurz vor dem lakonischen Schild *Ruhr* angehalten hat, entsteigt eine junge Frau; sie ist etwa dreißig Jahre alt, modisch gekleidet, schlank, blond; sie geht auf das Brückengeländer zu, lehnt sich über das Eisengestänge, blickt in den Fluß hinunter, hebt dann schnuppernd den Kopf in die Luft, löst sich vom Brückengeländer, geht zum Auto zurück, steigt ein, und das Auto fährt langsam auf die düstere Kulisse zu.

„Was war denn los?“ fragt der Mann am Steuer.

„Oh, nichts“, sagt die Frau, die gerade ihre Sonnenbrille mit nüchterner Endgültigkeit wegpackt. „Nichts war los, ich wollte nur sehen, wollte riechen, ob wir wirklich zu Hause sind.“

„Warum gerade hier?“

---

1) Silhouette: Schattenriß

„Weil es hier anfängt", sagt die junge Frau, „hier fängt der Lichtwechsel an, hier schmeckt die Luft bitter, werden die Häuser dunkel, und hier sprechen die Leute so, wie ich spreche. Und ich bin ausgestiegen, weil ich einen Augenblick allein sein, dir nicht meine Rührung zeigen wollte."

„Du bist gerührt?"

„Ja. Ich freue mich, daß ich wieder zu Hause bin, ich war all die Schönheit und den blauen Himmel ein wenig leid."

Kopfschüttelnd, ohne zu antworten, steuert der junge Mann das kleine Auto weiter nordwärts, auf Oberhausen zu. „Und alle die schneeweißen Berge, die Seen, diese sauberen Dörfchen, ich hätte es keine zwei Tage mehr ausgehalten; und diese Barockkirchen da unten, so viel Gold, so viel Gips, so viel liebliche Engel; nein, ich freue mich, wenn ich heute abend mit dir im Kintopp sitze, weißt du, in dem alten, unten an der Ecke der Bochumer Straße."

„Ausgerechnet in dem?"

„Ausgerechnet in dem, in dem will ich sitzen und will die Leute riechen, und nachher will ich ein Bier und einen Schnaps trinken in der Kneipe unten an der Ecke zum Wiehagen."

„Da?"

„Ja, da. Ich will so richtig wissen, daß ich wieder zu Hause bin. Und am Sonntag will ich auf den Fußballplatz gehen und auf die Kirmes auf der Wiese hinter Stratmanns Haus, ich will . . ."

„Langsam", sagt der Mann am Steuer, „langsam . . ."

„Ich will zu Großvaters gehen, in seinen Schrebergarten hinter der Kokerei, will sehen, ob die Tomaten reif geworden sind und die Kaninchen fett. Und er muß mir erzählen, ob die Tauben, die er nach Brüssel geschickt hat, alle zurückgekommen sind. Und ich werde mich von Tante Else zum Kaffee einladen lassen und das ganze Geklatsche und Geklöne anhören, über Anita und Willi und . . ."

„Werde mir nur nicht romantisch", sagt der junge Mann lächelnd.

„Ich will ja nur wissen", sagt die junge Frau, „daß ich wirklich zu Hause bin."

Langsam steuert der ruhige junge Mann das Auto durch Oberhausen. *(1958)*

2 Cestmir Vejdelek

Einmal Dortmund–Duisburg und zurück

Der Inter-City-Zug geht um 7.38 Uhr von Dortmund ab. Nach elf Minuten hält er in Bochum, nach weiteren elf in Essen, und kurz nach acht wartet er in Duisburg.

Etwas vom Schnellzug aus zu sehen, das ist in vielen europäischen Sprachen ein Begriff für „oberflächlich". Doch mitunter ist gerade das Bild, das sich aus der Schnelle gibt, die Antwort – es hängt nur davon ab, wonach man fragt. Jeder kennt den Zaunpfahleffekt. Aus großer Geschwindigkeit betrachtet, verschmelzen die Pfähle zu einer homogenen[1] Zaunwand. Bekanntlich nutzt man diesen Effekt beim Bau von Trennwänden gegen die Blendgefahr auf Autobahnen. Durch die breiten Spalten schlüpft das Licht nicht hindurch. Die Geschwindigkeit verachtet das Detail. Genau das brauchte ich.

Ich passierte Brauereien und Hütten. Hinter Dorstfeld bestimmen Sümpfe und Erlenwaldbestände das Bild, das auf alles andere hinweist als darauf, im industriellen Herzen Europas zu sein. Zur Linken bleiben bunt verbaute Wiesenflächen zurück. Der Zug fuhr sich kräftig aus und bestätigte mir, daß das Ruhrgebiet grün ist.

Mit meinen Vorstellungen über das Ruhrgebiet führe ich einen ganz privaten Streit. Weil das Industriegebiet an der Ruhr als die größte Agglomeration[2] seiner Art auf dem europäischen Kontinent gilt, stellte ich es mir noch vor einigen Jahren vor, wie ein Feld von Schornsteinen, die sich mit Halden abwechseln, darunter wieder Schlackenberge, neben den Schlackenbergen Fabrikhallen und zwischen ihnen Fördertürme. Abseits buckelten sich zwar ein paar Schrebergärten von Bergleuten, aber zusammengenommen sah meine Vorstellung aus wie eine Illustration zu Jules Vernes[3] Stahl-Stadt.

Derartige Vorstellungen pflegt man häufig zu haben und das von unterschiedlichsten Dingen. Meist erfährt man nie, wie dumm sie sind. Aber manchmal schiebt einen das Schicksal ein bißchen weiter. Ich mußte zum Beispiel über Wuppertal nach Recklinghausen reisen. Nicht, daß ich unterwegs keine Industrie gesehen hätte. An einem Ort hat es sogar ganz gewaltig gestunken. Ich sah Kamine, Halden und Gasbehälter, aber immer nur wenige, oder sie waren weit weg. Entweder befand ich mich nicht im echten Ruhrgebiet, oder das Ruhrgebiet ist wie ein Regenbogen: immer etwas weiter fort, als wo du gerade stehst.

Darum näherte ich mich diesmal Bochum von Osten mit dem Zug: um auch richtig sehen zu können. Die größere Geschwindigkeit vereinfachte die Farbpalette zu grün und braun. Als der Lokführer Tempo zugab, blieb nur noch das Grün. Bei Mülheim sah ich mehr Mannesmann-Röhren, als in meinem ganzen Leben bisher, und erinnerte mich, wie sie auch in Prag einst Berühmtheit erlangten, als man die engen modischen Hosen „Mannesmann“ nannte. Doch die Blechlandschaft verschwand wieder.

Wenn ich beschreiben sollte, was ich im Ruhrgebiet gesehen habe, dann würde ich sagen: Zuerst Erlen, dann Espen und Erlen, später Birken, Espen und Erlen, Kastanien und Birken und zum Schluß eine Kastanienallee. In der Ferne sah ich auch ein paar Gasbehälter, aber die spielten keine Rolle.

In Duisburg kaufte ich mir eine Rückfahrkarte nach Dortmund und fuhr wieder los. Kaum hatten wir das Gekreuz der Geleise hinter uns, fielen mir Hochöfen ins Auge, die mir auf meiner ersten Reise entgangen waren, dann riesige Schrotthalden und sogar Rauch! Nach einer ausrangierten Kläranlage für Wasser folgten Koksbatterien. In den Birken verloren sich ein paar Gärten, doch nicht sie führten den Tanz an, sondern eine ganze Herde von Fördertürmen, ausgedehnte Flächen, noch schwarz von der abgeräumten Kohle.

Hätte ich jetzt beschreiben sollen, was ich im Ruhrgebiet gesehen habe, würde ich sagen müssen: Hochöfen und Kühltürme, dann Kühltürme und Elektrizitäts-

---

1) homogen: gleichartig

2) Agglomeration: Anhäufung, Zusammenballung

3) Jules Verne: französischer „Science-fiction“-Autor, 1828–1905

werke, weiter Fördertürme, Kühltürme und Hochöfen, darauf Chemiegetriebe, Kokereien und Gasbehälter.

Die Pointe ist einfach: Zurück war ich eine andere Strecke gefahren, nämlich über Oberhausen und Wanne-Eickel.

Es gibt also im Ruhrgebiet alles, was ich auf dem Weg hin und zurück gesehen habe und noch viel mehr. Industrie und Sümpfe, wo der Storch den Frosch an den Beinen zieht. In der Hauptsache freilich ist das Ruhrgebiet eine ungeheuer dicht besiedelte Landschaft, in der die Menschen ihre Gärten lieben und in den Gärten die Bäume und Rosen. Es ist nicht das schreckliche Abbild von Vernes Illustrationen, aber auch nicht friedliches Weideland. Es ist eben alles zusammen. *(1980)*

II. Arbeits-Leben

3 Rainer Joedecke

Ein Leben in Wechselschichten: Helmut Koller

Vor sechs Jahren hatte er 25jähriges Jubiläum. Da gab's eine Armbanduhr von Thyssen, aus Stahl, und ein paar freundliche Worte vom Personaldirektor. Abends hat er sich dann hingesetzt und Bilanz gezogen.

„Da blieb nicht viel unterm Strich", sagt er, „das einzige war, daß man froh sein durfte, dieses Jubiläum erleben zu dürfen. Weil ich viele Kollegen in meinem Alter kannte, die das nicht erlebt haben, weil sie schon vor zehn Jahren wegen Herzinfarkt oder wer weiß was draufgegangen sind."

Die August Thyssen Hütte in Duisburg ist Deutschlands größter Stahlproduzent. Helmut Koller ist dort Arbeiter, „Sklave bei Thyssen", wie er sagt. Er sagt das in einem so doppelbödigen Ton – da kann man sich's aussuchen, wie ernst das gemeint ist.

Auf den Kalenderbildern sieht das immer gut aus: der funkensprühende Eisenstrom, der aus dem Hochofen quillt. Nur daß Bilder keine Hitze machen, keinen Lärm, keinen Gestank, auch keinen Staub. Nach fünf Minuten hat man den Geschmack der Hölle auf der Zunge, die Brust wird eng, die Ohren dröhnen.

In dieser Hölle wird gearbeitet. Arbeit, die man nicht bei Schichtende am Werkstor abschüttelt. Grau kommen sie allesamt aus dem Thyssen-Tor, grau wie die Häuser, der Himmel, eisengrau.

Als Helmut Koller 1948 mit der Schule fertig war, wäre er gern

Bäcker oder Konditor geworden. Daraus wurde nichts. Was er kriegen konnte, war eine Anstreicherlehre. Die hat er dann gemacht.

Nach der Lehre war er erst mal arbeitslos. Das Wirtschaftswunder war noch nicht ausgebrochen. Und als er schließlich bei einer Malerfirma unterkam, war er jeden Winter auf Stempelgeld. Da hat er sich nach was anderem umgetan. „Thyssen, das war was damals. Das waren sichere Arbeitsplätze. Und nach drei Jahren Thyssen hatte man Anrecht auf eine Werkswohnung. Und Wohnungen waren knapp."

Die Arbeit bei Thyssen war begehrt. Helmut Koller hatte Glück. Im Juli 1955 wurde er genommen.

Das Glück war der gesicherte Arbeitsplatz. „Dafür hat man eben den Zaun rundum in Kauf genommen und die Wechselschicht", sagt er. Und die Arbeit selbst eben auch. „Ich kam da gleich als erstes an die Martin-Öfen[1]. Da mußten wir die Schlackenkammern saubermachen. Die Schlacke mußte mit dem Abbauhammer losgehauen werden, und je tiefer man kam, je glühender wurde die Scheiße da unten drin. Da war 'ne Hölle, glaub' ich, gar nix gegen. Wenn du in das Loch reinkamst, da war absolut Ende. Länger wie 'ne Viertelstunde am Stück hielt man das nicht aus, dann mußtest du erst mal wieder raus und Luft holen. Und die Hitze, die bringt dat Blut am Kochen, da wirste zum Sizilianer."

„Wenn dir da einer ein verkehrtes Wort sagt, dann haust du dem eine, und wenn der tot umfällt, dann hat der Pech gehabt. Ich hab's ein paarmal erlebt von Leuten, die direkt am Feuer gestanden haben und die außer Kontrolle gingen. Die Vorgesetzten wußten das aber ganz genau. Und wenn die gesehen haben: Jetzt kriegt der den richtigen Blick, dann sind die um ihr Leben gelaufen. Ich hab' sie ein paarmal laufen gesehen, wenn sie den Kumpel so weit hatten, und dem Kumpel kochte das Wasser im Arsch, und das lief ihm runter in die Schuhe, und dann hat der Meister 'ne blöde Bemerkung gemacht, und dann mußte der machen, daß er wegkommt. Denn sonst hätten sie ihm nämlich den Abbauhammer durch den Bauch gejagt, daß der hinten wieder rausgekommen wär'."

Arbeit pur. „Wer mal in einem Stahlwerk am Ofen gestanden hat,

[1] Martin-Ofen: Stahlofen, genannt nach dem französischen Erfinder

und da kommen vorne 1500 Grad raus, und du kannst nich weg! Die Arbeit, zu der du eingeteilt bist, die mußt du machen. Und wenn dir die Socken am Qualmen anfangen und die Handschuhe werden dir so heiß, daß du nicht mehr weißt, was du machen sollst - du kannst nich weg! Ich weiß nicht, was einen da festhält. Das ist irgendwie ... ich weiß es nicht. Aber du machst halt deine Arbeit zu Ende."

Auch wenn man den „Sklaven bei Thyssen" scherzhaft nimmt, Sklavenarbeit ist es allemal, Arbeit, gegen die kein Ankommen ist, Arbeit, die einen im Griff hat. Ein Stahlwerk läuft „vollkontinuierlich"[2] in drei Schichten, 24 Stunden am Tag, 365 Tage im Jahr: „Und da läufst du mit."

Helmut Koller ist ein „Vollkontimann". Seit 31 Jahren arbeitet er in Wechselschicht, lebt er, „vollkontinuierlich", in einem Rhythmus, der von der Arbeit, vom „Betriebsablauf" bestimmt wird.

Das sieht dann so aus: Sieben Nachtschichten von Dienstag bis Montag. Am Dienstagmorgen um sechs Uhr hat er Feierabend und dann frei bis Donnerstag 14 Uhr, dem Beginn der Mittagsschicht. Die läuft bis Mittwoch 22 Uhr. Donnerstag hat er dann frei, und am Freitag um sechs Uhr beginnen dann die sieben Frühschichten bis Donnerstag 14 Uhr. Dann hat er frei bis zum nächsten Dienstagabend. Da fängt dann wieder die Nachtschicht an. „Man sollte meinen, daß man sich nach 30 Jahren an dieses Leben gewöhnt hat", sagt er, „aber da kann man sich nicht dran gewöhnen."

Es passiert ihm heute noch jeden Monat zwei-, dreimal, daß er aufwacht, und „man weiß nicht, welcher Tag ist, man weiß nicht, welche Uhrzeit ist, und man weiß nicht, welche Schicht man hat. Dann sucht man so Orientierungspunkte. Erst guckt man mal am Fenster: Ist es hell oder ist es dunkel? Ist es hell, na ja, Frühschicht haste nicht. Aber was haste jetzt? Mittagsschicht? Nachtschicht? Haste sogar frei?"

Die Arbeit und die Wechselschicht dazu, „da ist ein Faktor zuviel", sagt Helmut Koller. „Einen Vollkontimann sollte man mit 55 gehen lassen, da ist der nämlich fertig. Wenn der überhaupt 65 wird, dann kriegt der vielleicht grade noch den Rentenbescheid. Die erste Rente kriegt dann die Witwe." So ein Wechselschichtleben ruiniert nicht nur die Gesundheit - Kreislauf, Magen, Darm -, das schlägt auch aufs Gemüt. „Die Wechselschicht geht auf die Psyche[3], die nimmt einem Saft und Kraft. Da kommst du in so einen Rhythmus rein, der dich nicht mehr nachdenken läßt. In der Regel ist es so, daß die Leute nach vier, fünf Jahren Wechselschicht schon die Ohren hängen lassen. Dann ist der Mumm und der Pep raus. Dann bist du Sklave bei Thyssen." Ganz ohne Scherz.

Helmut Koller ist jetzt 52 und hat immer noch „so'n bisken Energie". „Da muß man gegen ankämpfen, daß man nicht in diese Lethargie[4], in diese Leck-mich-

[2] kontinuierlich: stetig, fortdauernd
[3] Psyche: die Seele, das Seelische
[4] Lethargie: Trägheit, Interesselosigkeit

am-Arsch-Stimmung versinkt", sagt er. Er ist aktives Gewerkschaftsmitglied und haut schon mal „den Kollegen die ersten zwei Seiten der Zeitung um die Ohren", die Seiten mit der Politik. Er weiß, daß er allein die Welt nicht ändern kann, aber wenn er zu hören kriegt: „Ich kann ja doch nichts machen, die machen ja sowieso, was sie wollen", dann wird ihm „richtig schlecht".

Der Sklave steckt auch im Kopf. „Es ist traurig, wie wenig die Kollegen nachdenken, überhaupt nicht sehen, daß der Arbeitgeber unser Feind ist. Von da werden wir doch geknüppelt, von denen werden wir doch so gehalten, wie es denen paßt. Die lassen uns raufkommen, wenn sie wollen, die drücken uns wieder runter, wenn sie wollen. Die spielen doch mit uns Jo-Jo, so wie sie's gerne haben möchten und so wie's die politische Lage, wie's die wirtschaftliche Lage erlaubt."

Mit so was wie „Sozialpartnerschaft" darf man ihm nicht kommen, da wird er ätzend. „Was ist das denn?! Gibt's das? Ich hab' das Wort wohl schon mal gehört, aber wo es das geben soll ... Das sind doch Phrasen! Wie's wirklich aussieht? Ich muß im Schweiße meines Angesichts meine Brötchen verdienen, die andere glauben, mir hinschmeißen zu können. Und wenn ich nicht so höflich bin und mich nicht tief genug bücke, um die Brötchen aufzuheben, dann krieg' ich nämlich keine mehr. Das ist nicht unsere Thyssen-Hütte, wie sie's uns gerne vorgaukeln möchten. Die Thyssen-Hütte gehört einer gewissen Gruppe Leute, für die wir schwer arbeiten müssen, damit wir am Leben bleiben und die anderen noch besser leben können. So sieht die Sozialpartnerschaft aus!"

Helmut Koller will die Arbeitgeber „nicht niederknüppeln und nicht ins Meer schmeißen", wie er sagt. „Wir wollen doch nur unser Recht auf ein Leben haben." Ein Leben, das vielleicht ein bißchen mehr ist als Überleben.

„Ich hab' jetzt über 30 Jahre Thyssen hinter mir und besitze heute nicht mehr als vor 30 Jahren", sagt Helmut Koller. „Ich hab' in 30 Jahren nichts Materielles dazugewonnen. Ich kann heute nicht sagen: Mir gehört 'n Haus oder mir gehört 'ne Laterne oder 'n Stück Straße oder 'n Stück Land. Während Thyssen sich in der Zeit zum Riesenkonzern entwickelt hat."

Helmut Koller ist verheiratet und hat eine Tochter von 23. Sein Monatsverdienst beträgt netto 2270 Mark, und das ist, auch wenn's die Sozialhilfe besser weiß, ein Existenzminimum für drei Personen. Da bleiben nach den Ausgaben fürs Nötigste grade noch „'n paar Mark in die Tasche für Zigaretten und ab und zu 'n Bierchen". Diese paar Mark zur freien Verfügung, die braucht er für seine Moral. „Da hab' ich manchmal Angst vor, daß ich die Mark mal nicht mehr hab. Dann bin ich nämlich unter das Existenzminimum geraten. Wenn ich nicht mal mehr 'ne Mark hab', um 'n Glas Bier trinken zu gehen ... wenn das bei dieser Maloche nicht mehr drin ist!"

Solange er diese paar Mark noch hat, ist er „im allgemeinen und grundsätzlichen" mit seinem Leben zufrieden. Er ist Realist. „Jeder kriegt halt sein Teil in die Wiege gelegt. Und das bestimmt dann halt seinen späteren Weg, in welche Wiege er geschmissen wird."

In seiner Wiege ging es von Anfang an ums Überleben. Zehn Kinder waren sie zu Hause. Der Vater wurde Bergmann, Frührentner mit 50, nachdem ihm im Pütt ein „Sargdeckel", eine Steinplatte, ins Kreuz gefallen war. Sieben Jahre lang mußte Helmut Koller seine Familie ernähren. Als er 1958 geheiratet hat, heiraten konnte, weil der Vater eine Rentenerhöhung bekam, reichte es nicht mal für die geplante Hochzeitsreise ins Sauerland.

Das junge Paar, sie kannten sich seit 1951, bezog ein Mansardenzimmer in der elterlichen Wohnung. „Das hatte ich schön zurechtgemacht, tapeziert und so. Und von meiner Tante kriegten wir ein weißes Schleiflack-Schlafzimmer, das brauchte die nicht mehr, weil der Onkel gestorben war. Und dann hatten wir so schöne dicke Federbetten ..." Helmut Koller schaut seine Frau an, die neben ihm sitzt: „War das nicht ein Traumzimmer, mein Schatz? So'n richtiges Schwalbennest, stimmt's?!" Seine Frau nickt, mit einem Lächeln wie ein verliebter Teenager. Ein bißchen rot wird sie auch noch. [...]

Helmut Kollers Lieblingsgericht ist „Durcheinander", und das geht so: „Kappes oder Wirsing untereinander mit ein Stück Bauchfleisch oder ein Mettwürstken drin. Außerdem Kartoffeln, kleingemacht, schön untereinander gemacht." Das möchte er noch möglichst lange gekocht kriegen von seiner Frau. „Ich möcht' auf jeden Fall meine Rente kriegen und da ein paar Jährchen von haben", sagt er. „Im Moment fühl' ich mich so, als könnt' ich das schaffen."

Er hat einen Schrebergarten. „Der erfüllt so'n bißken die Sehnsucht nach dem eigenen Stück Erde, auch wenn ich die nur gepachtet hab'. Wo ich tun und lassen kann, was ich will, wo ich nicht in der Mühle bin. Wo ich pflanzen kann, was ich will, und wo ich dann zugucken kann, wie das wächst. Das ist doch ein schönes Gefühl, was man so braucht. Erfüllt so'n bißken den Traum nach wat Eigenem."

Da möchte er mal seine Jahre verbringen.

Die Jahre nach Thyssen.

Den Traum. *(1986)*

4 Norbert Welter

Thyssen: Hattingen verliert 2900 Stellen

Auch die Grobblechstraße soll stillgelegt werden

waz HATTINGEN

Neben den beiden Hochöfen will die Thyssen Stahl AG auch die Grobblechstraße in Hattingen stillegen. Von der Henrichshütte verbleibt damit nur noch die Stahlweiterverarbeitung und die entsprechende Stahlproduktion. Damit dürften 2900 der derzeit noch 4700 Arbeitsplätze auf der Henrichshütte verlorengehen.

Diese Pläne hat der Vorstand nach Angaben vom Donnerstag den Betriebsräten des Unternehmens erläutert. Angesichts des drastischen Rückgangs der Nachfrage und des Preisverfalls für Grobblech könne nur die Konzentration auf eine der beiden Thyssen-Quartostraßen die hohen Verluste mindern, begründete der Vorstand seine Pläne.

Das Hattinger Walzprogramm soll deshalb auf der Quartostraße in Duisburg-Süd weitergeführt werden, für größere Abmessungen notfalls auch auf der Mannesmann-Grobblechstraße, wo Thyssen über ein Lohnwalzrecht verfügt.

Mitarbeiter fallen nicht mehr unter die zur Zeit noch laufenden Sozialpläne

Das Anpassungskonzept muß von den Thyssen-Gremien noch gebilligt werden. Dennoch geht der Vorstand davon aus, mit den Stillegungsmaßnahmen noch 1987 beginnen und sie schrittweise umsetzen zu können. Von der Stahlproduktion dürften noch 20000 bis 25000 Tonnen Rohstahl monatlich übrigbleiben, um die Hattinger Weiterverarbeitungsbetriebe weiter zu versorgen.

Die Hattinger Schmiede soll nach den Vorstellungen des Vorstandes in die Schmiedewerke Krupp-Klöckner eingebracht werden. Bei der Schmiede wie in der übrigen Weiterverarbeitung sind weitere Rationalisierungen geplant.

Die 2900 Thyssen-Mitarbeiter, die durch die Stillegung der Hattinger Betriebe ihre Arbeitsplätze verlieren, fallen nicht mehr unter die derzeit laufenden Sozialpläne. Deshalb sollen alternative Möglichkeiten der sozialen Abfederung geprüft werden. Eine der Varianten: eine Auffanggesellschaft nach dem Vorbild der Stahlstiftung für die entlassenen Saarstahl-Mitarbeiter („Stahlstiftung Ruhr"). *(20. 2. 1987)*

5 Lutz Heuken

Verbitterte Stahlarbeiter: Diesmal geht es bei uns wirklich um alles

Betriebsrat: Stillegungs-Pläne lagen längst in der Schublade

waz HATTINGEN

„Mensch, Attur, datt du auch hier bis!" Immer wieder klopfen Arbeiter der Henrichshütte dem 63jährigen Artur Kretschmann auf die Schulter. „Datt find ich gut, daß du uns nicht vergessen hast", sagt einer. Das ist schon zuviel. Der 63jährige ist fast beleidigt. „Meint ihr, ich hätte hier früher das große Wort geführt, und heute bleib' ich bei so was ruhig in meinem Sessel sitzen?" Artur Kretschmann ist aus Witten nach Hattingen gekommen und steht jetzt inmitten seiner ehemaligen Arbeitskollegen auf dem Hof der Henrichshütte. Punkt Viertel vor Zwölf haben die Arbeiter der Hütte am Freitag alles im Betrieb liegen und stehen gelassen und sind zur „außerordentlichen Betriebsversammlung" auf den Hof geströmt. Auch viele Leute der Spätschicht sind da, der Betriebsrat zählt über 3000. Tief sitzt der Schock bei fast allen. Die Thyssen Stahl AG hatte – wie berichtet – am Vortag verkündet, bis zum Herbst nächsten Jahres insgesamt 2900 der noch etwa 4700 Arbeitsplätze im Werk abzubauen. Mit vielem hatten die Arbeiter gerechnet, damit nicht.

Kretschmann ist schon 1984 auf der Hütte „gegangen worden". Jetzt droht weit mehr als der Hälfte der noch verbleibenden Belegschaft das gleiche Schicksal. Die Gesichter der Stahlarbeiter verraten kaum etwas über ihre Stimmung, zuviel haben sie in den zurückliegenden Jahren mitmachen müssen. Die Männer und die wenigen Frauen sind hart geworden, zumindest nach außen. Stahlarbeiter zeigen keine Tränen. Trotzdem weiß jeder: Diesmal geht es um alles.

Schritt für Schritt wurde die Belegschaft in Hattingen abgebaut, Familienväter in die Arbeitslosigkeit geschickt. Vor gut zehn Jahren waren hier noch ungefähr 10000 Menschen beschäftigt.

„Ich arbeite seit 40 Jahren hier", sagt Ausbilder Erwin Busch (54). Er hat seine Entlassung zum 30. September schon in der Tasche. „Das tut weh nach so langer Zeit."

So richtig wütend werden die 3000 Leute auf dem Hof, als der Betriebsratsvorsitzende Rolf Bäker ans Mikrofon tritt und verkündet, die Betriebsleitung lasse keine Journalisten aufs Gelände. „Jetzt haben die sogar noch Angst", ruft einer. Während sich die schreibende Zunft und einige Fotografen von Arbeitern eskortiert am Werkschutz vorbeischmuggeln können, bleiben die Fernsehjournalisten mit ihren Kameras hängen. „Wir haben gesunde Beine. Wir ziehen vors Werkstor", löst Bäcker das Problem.

Dort steigt der Betriebsratsvorsitzende auf die Ladefläche eines Lkw und spricht per Megaphon zur Belegschaft. „Man hat uns belogen und betrogen", ruft er. „Während man noch von Überlebens-Konzepten für die Hütte sprach, lagen die fertigen Stillegungs-Pläne längst in der Schublade. Die schmeißen uns auf den Müll der Nation und werden dabei noch sarkastisch." Laute „Pfui"-Rufe und Pfiffe unterbrechen die Rede. Sie gelten dem Thyssen-Vorstand.

Besonders verbittert sind sie über die Art und Weise, wie die Entscheidung – ohne Absprache mit dem Betriebsrat – bekanntgegeben wurde. Manche haben erst am Morgen aus der WAZ von den Plänen erfahren.

„Die machen doch sowieso alles dicht, eine Abteilung nach der anderen. Wer weiß denn, wie lange die letzten 1800 Leute noch Arbeit haben", sagt Udo Wichmann (41). Er arbeitet an der Grobblechstraße, die nach den neuen Plänen des Vorstandes ebenfalls stillgelegt werden soll. Dennoch ist er vors Werkstor gezogen. „Auch wenn da wohl nichts mehr zu ändern ist. Das kann man doch nicht einfach hinnehmen. Neue Arbeit find' ich doch kaum, und für die Rente bin ich noch zu jung."

Der Betriebsratsvorsitzende will Mut machen und benutzt starke Worte: „Manche werden sich wundern, zu was wir in der Lage sind, wenn man uns das Messer an die Kehle setzt." Dennoch: Betriebsrat und IG Metall wissen, daß sie vor einem fast aussichtslosen Kampf stehen. „Wer nicht kämpft, hat verloren", sagt der IG Metall-Bevollmächtigte Otto König. „Ob da was bei rauskommt, kann keiner garantieren."

Daß sich der „Kampf um die Henrichshütte" auf jeden Fall lohnt, davon ist Artur Kretschmann überzeugt. „Nicht mehr für mich", sagt der 63jährige Rentner. „Aber meine Enkel müssen auch Arbeit haben." *(21. 2. 1987)*

6 L.

Zum Tage

Armenhaus

Nun fürchtet Hattingen, das Armenhaus des Reviers zu werden – ein Schicksal, das schon andere Städte erlitten haben, als die Zechen starben. Doch trifft es Hattingen besonders hart, weil hier, am Rande des Ruhrgebiets, Ersatzarbeitsplätze kaum zur Verfügung stehen.

Für die Rationalisierung[1] bei Thyssen spricht gewiß die wirtschaftliche Vernunft; man wird nicht verlangen können, daß Stahl, den niemand haben will, an ungünstigen Standorten weiter produziert wird. Doch bleibt die Frage offen, warum solche schwerwiegenden Eingriffe in das Schicksal unzähliger Menschen und in die Existenz einer ganzen Stadt allein von der Wirtschaft entschieden werden, ohne daß dies frühzeitig mit der Politik abgestimmt wird. So entsteht auf der einen Seite der Eindruck von Willkür, auf der anderen von Ohnmacht. Das ist kein Beispiel für Krisenmanagement[2]. *(21. 2. 1987)*

[1] Rationalisierung: zweckmäßige Gestaltung (der Arbeit)
[2] Krisenmanagement: Bewältigung von (betrieblichen oder politischen) Schwierigkeiten

7 Wolfgang Schröder

Wieder Ruhe, Recht und Ordnung

Eine Zukunftsreportage*

Hattingen im Juni 2002. Seit 14 Jahren herrschen wieder Ruhe, Recht und Ordnung in Hattingen. Damals (1987/88) fanden fast täglich Demonstrationen, Kundgebungen, Menschenketten, Versammlungen, Diskussionen und die seltsamsten Aktionen wie das Zumauern der Lehrwerkstatt statt. Eine Art Fieber hatte die ganze Stadt erfaßt.

Aus Rücksicht auf die öffentliche Meinung hatte der Thyssen-Konzern bis Ende 1987 auf die notwendigen Rationalisierungsmaßnahmen von 2900 Beschäftigten auf der Henrichshütte verzichtet.

Am 1. 1. 88 sollte der Spuk ein Ende haben. Aber es kam noch einmal anders. Am 1. Weihnachtstag '87 besetzten 560 Hüttenarbeiter morgens um 8 Uhr völlig überraschend die Hütte, sperrten die Direktion aus, wählten eine neue Leitung, beschlossen die Produktion fortzusetzen und verkauften auf eigene Rechnung. Die Polizeipräsidenten des Reviers und des Bergischen Landes signalisierten, daß sie die Hütte nicht im Auftrage Thyssens stürmen würden.

Als die Banken die Konten der Henrichshütte sperrten, bildeten die vier Ratsfraktionen – SPD, CDU, DKP, Grüne – eine Art Allparteienregierung, verweigerten aus Protest weitere Steuerzahlungen. Vor dem Bundesverfassungsgericht erhob die Stadt Klage gegen Thyssen wegen fortgesetzten Verstoßes gegen die Verfassung. Diese Offensive brachte Thyssen in eine schwierige Lage.

Auf den Betriebsversammlungen wurden die Manager von Thyssen und den anderen Stahlkonzernen von den deutschen und ausländischen Arbeitern ausgelacht, der Ruf nach Verstaatlichung der Stahlindustrie wurde immer lauter.

Die Bundesregierung beschloß deshalb am 9. November 1988 den Staatsnotstand für Hattingen und beauftragte die NRW-Regierung mit der polizeilichen Lösung des Problems. Als die Düsseldorfer Regierung sich weigerte, marschierten auf Anweisung Bonns 2000 Mann bayerische Bereitschaftspolizei und ein Bataillon Bundesgrenzschutz am 10. November 1988 um 5 Uhr morgens in Hattingen ein. Das IG-Metall-Büro, das Rathaus, das evangelische Gemeindezentrum, die Parteibüros von SPD, CDU, DKP und Grünen sowie die VHS wurden besetzt, Bürgermeister Wüllner, Pastor Sombrowsky und weitere 134 Personen, darunter die vier Parteivorsitzenden, verhaftet.

Als bayerische Polizisten und Bundesgrenzschutz die Hütte zu stürmen suchten, kam es zu schweren Zusammenstößen. Die Polizei setzte Rauchbomben, Tränengas, Wasserwerfer und die chemische Keule ein, Hubschrauber nebelten die Hütte ein, es dauerte drei Tage, ehe der erbitterte Widerstand der meisten Hüttenarbeiter gebrochen wurde, es gab über 1000 Verletzte.

Im Bunker der Hütte hatte sich noch der Betriebsratsvorsitzende Bäcker mit über 100 Vertrauensleuten und Betriebsräten verschanzt. Es dauerte 12 weitere Tage, bis sie durch Tränen- und Reizgas zur Aufgabe gezwungen wurden. Bäcker wurde sofort als Rädelsführer verhaftet.

Der IG-Metall-Bevollmächtigte König konnte im letzten Augenblick untertauchen, gegen ihn und 300 flüchtige Personen wurde Haftbefehl erlassen. Erst Monate später stellte sich König. Das Hattinger Stadtparlament wurde aufgelöst, ein Staatskommissar eingesetzt, Demonstrationen, Kundgebungen und Versammlungen untersagt, die Hattinger Bürgerzeitung verboten.

Im Herbst 1990 kam es zu den sogenannten Hattinger Prozessen, in denen insgesamt 793 Personen wegen Widerstand, Aufruhr und wegen zahlreicher anderer Verfassungsverstöße angeklagt waren; sieben wurden freigesprochen, die anderen erhielten Freiheitsstrafen von drei Monaten bis zu fünf Jahren [. . .].

Ende 1990 wurde der Betrieb auf der Hütte eingestellt und sofort mit dem Abriß begonnen. Die Arbeitslosenzahl stieg auf 29,8%. Die caritativen Organisationen richteten Suppenküchen ein, aus Schweden und Dänemark kamen Spenden. EG-Butter und EG-Milchpulver wurden kostenlos in den ehemaligen Werkssiedlungen von Thyssen verteilt. So wurde die größte Not gelindert.

Mitte der 90er Jahre wurden von Bonn und Brüssel ein neues Konzept beschlossen – Fremdenverkehr und Massentourismus waren die Zauberwörter. Aus der alten Stahlstadt Hattingen entstand eine Mischung aus Rothenburg ob der Tauber, Phantasialand und Las Vegas. *(1987)*

III. Im „Kohlengräberland“

8 Otto Wohlgemuth
Fahrt in die Tiefe des Bergwerks

Willst du mich nun begleiten zu einer kurzen Fahrt in die Tiefe des Bergwerks? Komm, wir besteigen den Förderkorb, der dir wie ein gewaltiger Fahrstuhl aus einem Warenhaus vorkommen mag. Der Anschläger gibt das Personensignal ins Maschinenhaus, ein Ruck, wir fallen. Im Augenblick ist das Licht des Tages entschwunden. Dunkel umhüllt uns, und nun erst wirst du eigentlich der Lampe gewahr, die du am Haken trägst. Schwach nur scheint ihr Licht. Der Wind pfeift zwischen dem fallenden Korb und dem Schachtgebälk. Es nimmt dir fast den Atem. Wir sind auf der 760 Meter tiefen Bausohle angelangt, steigen aus und werden mit einem Glückauf begrüßt.

Sofort wird das Fahrgestell mit Kohlenwagen gefüllt, ein kurzes Klingelzeichen, die Kohlenförderung ist wieder im Gange. Mit einer Geschwindigkeit von 18 Meter in der Sekunde saust nun der gefüllte Korb im Schacht in die Höhe, als würde er spielend leicht von Riesenfäusten emporgeschleudert, und mit derselben Schnelligkeit fällt oben vom Tage der Gegenkorb in die Tiefe. Gewöhnlich werden mit jedem Fördergang 4–5 Tonnen, also etwa 100 Zentner Kohle gehoben. Dazu kommt das Gewicht der eisernen Kohlenwagen, der schwere Förderkorb selbst und endlich das gewichtige, armdicke Stahlseil im Schacht. Unten ist rings um den Schacht eine geräumige Halle gebrochen, die von elektrischen Lampen erhellt wird. Von hier aus stechen Gleise in die Strecken, die sich nach allen Seiten in den Erdengrund verlieren. Ununterbrochen rollen aus denselben die gefüllten Kohlenwagen zum Schacht, wo der Förderkorb jetzt eben schon wieder gefüllt ist. Ein Klingelzeichen, er hebt sich blitzschnell in die Höhe, nach einer kurzen Pause erscheint wieder der herniedersausende Gegenkorb, und das Spiel beginnt von neuem.

Wir wandern nun in eine der dunklen Förderstrecken hinein. Hinter einer Biegung nimmt uns dumpfes Schweigen auf. Du bist erstaunt über das Leben in der geheimnisvollen Tiefe und rechnest aus, wievielmal unsere Stadtkirche übereinanderstehen müßte von hier unten bis hinauf an das Tageslicht. Lange Holzträgerreihen stehen zur Seite. Sie tragen die Deckbalken, die über dir das lastende Dach des hängenden Gebirges halten. Zwischen den blanken Schienen der Fahrbahn schreiten wir dahin. Dunkel und Stille umhaucht uns. Zur Seite murmelt ein Bächlein im Gestein, das die Quellwasser zum Wassersammelort führt. Dort bei jener Tür verschwindet es plötzlich durch einen Kanal in die Tiefe. Werfen wir schnell einen Blick durch den Türspalt in den hellerleuchteten Raum. Schwarzglänzende Dynamos[1] stehen dort, 3, 4 Rohre gehen in den Grund, Gestänge und Pumpengetriebe reckten sich im Raum. Ein Stoßen und Plunschen durchdringt die Luft, von einer strengen Energie erzittern die Felswände. Von hier werden in jeder Minute auf der Zeche, wo wir uns hier befinden, 7 Kubikmeter Grubenwasser in die Höhe über Tage geschleudert. Daran kannst du ermessen, wie groß die Gefahr ist, wenn die Pumpen einmal stehen.

Doch komm, ich führe dich weiter. Wir treten wieder unsere lange Streckenwanderung an. Ab und zu führt ein enger Gang seitwärts. Dunkel gähnt dir aus den Löchern entgegen, Wasser plätschert. Eine Grubenmaus huscht im Lampenschein vor uns her. Fern, ganz fern schimmert ein winziges Lampenlicht, nun noch eins, wie Sterne, die in der Finsternis schwanken und schweben. Gedröhn erwacht im Raum. Rollen und Grollen erfüllt die Luft. Tritt zur Seite! Der Lichtschein wird größer, Stampfen schüttert heran. Ein Kohlenzug, gezogen von einer Benzinlokomotive, kommt angebraust. Wie ein Donner rollt der schwere Eisenkasten seine Bahn, eine gellende Warnglocke schrillt, Erschütterung, Gebraus, vorbei und vorüber. Hinter der Maschine die Flucht von 30 bis 40 sausenden Kohlenwagen, eine tolle Jagd, dahin, dahin zum Schacht, bis das Gebrüll in der Ferne allmählich verhallt.

Du wunderst dich, nachdem ich dir erzählt habe, daß diese Grube etwa 4000 Arbeiter beschäftigt, über die Stille hier, die menschliche Verlassenheit. In weitverzweigten Gängen und Bauen sind alle die Grabenden verteilt. Du wirst kaum mehr als zwei Mann auf unserer Wanderung an einem Ort zusammen finden. Meist schafft jedoch der Bergmann allein in seinem Kohlenloch, fern von aller Welt. Sein Nebenmann ist so weit von ihm am Werke, daß er kaum etwas von ihm wahrnimmt. Absolute Stille und feierliche, dunkle Einsamkeit umgibt den Menschen bei seinem Tun in der Unterwelt. [...]

Wir müssen nun um eine Gebirgsecke und treten in einen Abteilungsquerschlag hinein. Am Wasserrohr hängt eine Lampe. Ein Mann rumort weiter hinten, leere Wagen stoßen aufeinander, eine Tür wird zugeworfen. Plötzlich taucht aus einem Nebengang die dunkle Gestalt eines Grubenpferdes auf. Schwerfälligen, prüfenden Schrittes schreitet das Tier mit gesenktem Kopf dahin, ein kurzes Schnauben, es rasseln die Ketten des Geschirrs in der Dunkelheit. Hinterdrein der Pferdejunge mit Bindehaken und Zugschwengel. Er grüßt und schaut uns nach.

Vor uns steigt ein Bremsberg[2], in der Kohlenschicht stehend, dunkelgähnend schräg hinan. Flöz[3] Mausegatt lesen wir auf einer Tafel. Ein anderes Schild

---

1) Dynamo: Stromerzeuger

2) Bremsberg: Fördereinrichtung, bei der volle Wagen auf geneigter Fahrbahn bei der Abwärtsfahrt leere Wagen am Drahtseil hochziehen

3) Flöz: abbaubare Nutzschicht (v. a. Kohle)

belehrt uns: Fahren im Bremsberg verboten. Wir schauen nun im Verschlag in die Höhe. Schienenstränge steigen vor uns hinan. Ein Lichtschein geistert, irgendwo ganz oben rasselt und rumort Arbeit. Ein Ruf und ein Klopfsignal, horch, nun schnurrt und rollt es, da poltert es in die Tiefe hinab. Ein auf Rädern laufendes Fahrgerüst erscheint. Ein beladener Kohlenwagen steht darauf. Der Junge, der neben uns hantiert, zieht ihn hinab in die Bahn und schiebt einen leeren Wagen hinauf. Ein Hammerschlag, und das Gestell poltert im Flözberg wieder in die finstere Höhe. [. . .]

Jetzt heißt es klettern und kriechen. Vierzig Meter führe ich dich einen engen Fahrschacht hinan. Du fühlst dich bedrückt, eingemauert. Deine Augen streifen das hängende Gestein über und neben dir. Und die Trockenheit in deiner Kehle, oh, das Denken an eine frische Waldquelle, an rauschend Grün und windige Bergesgipfel. Und hier kriechst du wie ein Wurm im Innern der Erde, windest dich durch zusammengedrückte Gebirge, auf den Knien, auf dem Bauche rutschend.

Doch nun sind wir am Abbau. Eine Schlucht gähnt. Über uns, im schwachen Lichtkreis einer staubumschleierten Lampe, wühlt eine schweißschwarzglänzende Gestalt. So eng ist der Flözspalt. Der Hauer sieht uns nicht. Schwer reißt und wuchtet seine Keilhacke die Kohlenwand, Brockensturz und Staubgeriesel poltern in die Tiefe.

Wir wollen hier verweilen und lauschen. Wollen unsere Sinne pochend bohren lassen in den seltsamen Grund der Erde hinein. Wir wollen hier auf den Schwung der sausenden Tiefe lauschen, auf das dumpfe Gestampf der geahnten, gestorbenen Welt und uns hineinsinnen in das nie endende, blutdunkle, inbrünstige Wesen der Bergarbeit in der Abgrundnacht.

Und damit nun: Glückauf zur Schicht! *(1923)*

9 Heinrich Kämpchen / Bergarbeiter-Zeitung

Die Katastrophe von Zeche Radbod

Was nützt das Jammern, Klagen,
Die Knappen weckt es nicht,
Die wieder jäh erschlagen
Sind fern vom Sonnenlicht. –

Und ob die Waisen wimmern
Auch wild in Todespein,
Man wird die Särge zimmern,
Man scharrt die Leichen ein. –

Viel Prunk und viel Gepränge
Ist wieder dann zu schau'n,
Es tönen Grabgesänge
Und Worte, die erbau'n. –
Die wiederum beweisen,
Daß es so Gottes Schluß,
Und noch den Himmel preisen
In frommem Redefluß. –
Ein wenig Jammern, Klagen,
Ein wenig Phrasenton,
Und dann – sie sind erschlagen
Und bald vergessen schon. –
Das ist die alte Leier,
Das ist das alte Lied,
Die Knappen-Totenfeier,
Und weiter nichts geschieht. –
So haben wir's erfahren,
So geht's jahraus, jahrein,
Und wird es das Gebahren,
Auch diesmal wieder sein.
Wenn wir uns nicht aufraffen
Im Erz- und Kohlenschacht,
Und uns're Muskeln straffen,
Bevor es wieder kracht. –
Bevor der Tod auf's neue,
So wie auf Radbod heut',
Zu spät für Qual und Reue,
Die Leichensaat verstreut. –
Nie werden wir's erringen,
Was uns zum Schutze frommt,
Wenn wir es nicht erzwingen,
Daß die „Kontrolle" kommt. *H. K.*[1]

Ein Teil der Toten ist der kühlen Erde übergeben worden. 302 Kameraden sind unten abgesperrt. Sie leben nicht mehr, sie dürfen nicht mehr leben! das muß unsere Hoffnung sein. Der Gedanke wäre zu schrecklich, daß da unten in der Tiefe noch Kameraden leben könnten, die nun doch dem sicheren Tode entgegen gehen und obendrein tagelange Todesangst auszustehen gehabt hätten. Darum unser Wunsch, daß der Schatten des Todes alle, die noch unten sind, sanft und leicht berührt hat. In dieser Frage dürften Meinungsverschiedenheiten nicht bestehen.

Anders über die Frage, was und wer die gräßliche Katastrophe verschuldet hat? Hier gehen nicht nur die Meinungen auseinander, sondern diese Meinungen haben sich einerseits zu schweren Auflagen gegen Grubenverwaltung, Bergbehörde und Regierung, besser gesagt, gegen das im Bergbau noch vorherrschende System verdichtet und andererseits äußern sie sich in Versuchen, die schwere Schuld abzuleugnen. Nichts als Ableugnungsversuche waren die Erklärungen des Ministers Delbrück und des Ministerialbeamten Geheimrats Meißner. [...] Ihnen sekundiert die Grubenverwaltung. Sie attestieren[2] sich gegenseitig die Unschuld! Aber man vergißt dabei, wenn Bergbehörde und Bergwerksverwaltung unschuldig sind, daß die Schuldigen wo anders zu suchen sind. Ohne Schuldige gibt es keine solche Katastrophe! Das wollen wir ein für allemal festhalten. Die Organe, die herkamen und darlegten, daß Arbeiter ohne Besatz[3] einen Schuß[4] abgefeuert hätten, oder die ferner verbreiten, daß ein Arbeiter Dynamit am Stoß[5] lagern ließ, ohne es zu berieseln, diese Organe, suchen nach alter Weise die

1) H. K. = Heinrich Kämpchen: geb. 1847 in Essen, gest. 1912 in Bochum, Bergmann und Arbeiterschriftsteller. Produktiv v.a. als Lyriker. Von 1889–1912 wurden viele seiner Gedichte und politischen Kommentare in der „Bergarbeiter-Zeitung" abgedruckt. Gesammelt sind seine Gedichte in dem Band „Seid einig, seid einig – dann seid ihr auch frei" (Asso-Verlag Oberhausen, 1984).

2) attestieren: bescheinigen

3) Besatz: bergmänn.: der Sprengstoff in den Bohrlöchern

4) Schuß: Ausdruck für Sprengarbeiten in Kohle oder Stein

5) Stoß: bergmänn.: die Kohlenwand, wo der Abbau jeweils beginnt

Schuld auf jene abzuschieben, die so oft das Karnickel abgeben mußten: die Arbeiter. Nur grenzt die Beweisführung an Wahnsinn und sie dürfte bei jedem, der etwas von bergmännischen Arbeiten versteht, auf helles Gelächter stoßen. Schüsse ohne Besatz, keine Berieselung des Dynamits! Sind solche Behauptungen auch kranken oder verfuselten Gehirnen entsprungen, so hat es doch Methode. Die Arbeiter waren in den meisten Fällen das Karnickel, die herhalten mußten, die Werksverwaltungen wie die Bergbehörden immer die Schuldlosen. So ist es seit vierzig Jahren. [. . .]

Die Grubenverwaltung läßt einen Mißstand nach dem andern einreißen, die Bergbehörde übersieht sie. Ist aber die Katastrophe da, dann treten beide zusammen und lösen eiligst die Schuldfrage und sie empören sich, wenn ihnen von anderer Seite das Recht hierzu abgesprochen wird. Vor den ordentlichen Gerichten hat der Angeklagte das Recht, befangene Richter abzulehnen, das Recht steht auch einem Kläger zu. Und im „Fall Radbod" lehnen wir, die wir im Namen der Verunglückten und der Bergarbeiter zu reden haben, beide, Bergbehörde wie das Werk, als befangen ab. Und wir lehnen sie ab, weil wir sie nicht einmal an der Richterstelle sehen, sondern weil wir sie als die Beschuldigten als die Angeklagten betrachten. [. . .]

Eine gewaltige Demonstration der Ruhrbergleute.

Sehen wir von einigen nebensächlichen, aber dennoch stark besuchten Bergarbeiterversammlungen ab, so waren am vergangenen Mittwoch wohl 25 000 Bergarbeiter auf den Beinen, um in den vom Bergarbeiterverband einberufenen Versammlungen in Bochum, Dortmund, Essen, Gelsenkirchen und Oberhausen gegen die Mißwirtschaft auf den Gruben zu protestieren. Den Toten von Radbod sollte Genugtuung geschaffen, den Lebenden aber die Mahnung mit auf den Weg gegeben werden, nicht zu ruhen und zu rasten, bis ein vernünftiger Bergarbeiterschutz die Sicherheit in den Gruben erhöhe. [. . .]

Folgende Resolution wurde in den Versammlungen vorgelegt und einstimmig angenommen:

Resolution.

Die heutige Bergarbeiterversammlung protestiert entschieden gegen den schon wieder von Vertretern der Bergbehörde unternommenen Versuch, bevor auch nur die eigentliche Untersuchung der Unglücksursachen beginnen konnte, die Zechenbesitzer, Betriebsleitung und Bergbehörde von jeder Schuld rein zu waschen. Die Versammlung erblickt darin eine Beschimpfung der toten Kameraden im Schachte Radbod.

Soweit die bisher von wirklich betriebskundigen und sachverständigen Leuten mitgeteilten Einzelheiten über die Zustände in dem Unglücksschachte ein Urteil zulassen, kann es nur lauten: Die Bergbehörde muß neben der verantwortlichen Werksdirektion auf die Anklagebank.

Für die erfahrenen Bergarbeiter steht fest, daß ein derartiges Riesenunglück sich unmöglich ereignen konnte, wenn die gesetzlich und bergpolizeilich vorgeschriebene Betriebssicherheit zu jeder Zeit vorhanden war. Alle gegenteiligen Erklärungen führen die öffentliche Meinung irre und sind lediglich geeignet, den bitter notwendigen Bergarbeiterschutz zu hintertreiben.

Wir fordern den Reichstag und namentlich auch den Bundesrat auf, nunmehr allen Einreden der Grubenkapitalisten zum Trotz an die Schaffung eines Reichsberggesetzes heranzutreten, das den modernen Grubenbetriebsverhältnissen vollauf Rechnung trägt. Wir fordern die denkbar weitgehendsten gesetzlichen Vorschriften zum Schutze der Bergarbeiter vor kapitalistischer Willkür und den immer mehr sich häufenden Betriebsgefahren. Wir fordern, um die exakte Durchführung der verlangten Schutzbestimmungen überwachen zu können das Recht, aus den Reihen der Arbeiter Hilfskontrolleure wählen zu können. Ohne eine unmittelbar von den Vertretern der Arbeiterschaft ausgeübte Werkskontrolle würden auch die besten Gesetze für die Praxis unwirksam bleiben.

Wir appellieren an die berufene Volksvertretung, wir appellieren an jeden fühlenden Menschen! Wenn auch die fürchterliche Katastrophe auf Schacht Radbod, wie die früheren Massenunglücke, nicht Veranlassung zur Erfüllung unserer Forderung nach gründlichem Lebensschutz sein wird, dann überliefern die Verhinderer des Bergarbeiterschutzes die Grubenarbeiter der Verzweiflung. [...] *(1908)*

10 Max von der Grün

Kaputtgeschrieben

Nur im Revier gibt es dieses furchtbare Wort. Wird jemand „krankgeschrieben", bedeutet das immer auch Hoffnung auf Genesung. Für einen Bergmann, der wegen Steinstaub in der Lunge „kaputtgeschrieben" wird, gibt es kein Morgen mehr, nur noch die Gemeinschaft der Mitbetroffenen.

Der Nebel wird sich ein paar Tage halten, sagt Heinrich. Jaja, sagen die anderen; jaja, sonst nichts. Zehn Männer stehen, leicht vorgebeugt, auf dem Bürgersteig vor der Kneipe *Zum Igel,* hustend, krächzend. Von weitem wirkt die Gruppe wie ein Denkmal. Kommt man näher, beginnen die Hunde zu kläffen, sie wehren sich gegen Eindringlinge.

Unsere Invaliden, sagt man im Ort. Oder man bedenkt sie mit allerlei Namen: Huste-oder Mummelmänner, oder auch Silikosegardisten[1]. Die Leute meinen das nicht böse, eine schwer zu deutende Zuneigung schwingt in ihren Worten mit, denn jeder weiß, was der einzelne im Verlauf der Jahre und Jahrzehnte geleistet hat. Unsere Invaliden – jeder hat in seinem Leben so viel Kohle gefördert, daß ein ganzer Stadtteil sie in einem Menschenalter nicht verheizen könnte. Überall im Ruhrgebiet kann man diese Männer beobachten, von Hamm bis Duisburg, von Recklinghausen bis Witten, immer in Gruppen und nur selten in den Innenstäd-

[1] Silikose: Steinstaublunge

ten. Die Invaliden treffen sich in ihren Siedlungen, da sind sie zu Hause, da kennen sie die Menschen, und die Menschen kennen sie, die Kinder kennen ihre Hunde und die Hunde die Kinder; sie treffen sich zu bestimmten Zeiten, einmal am Vormittag, einmal am Nachmittag, entweder am Kriegerdenkmal oder vor der Kirche, und dann gehen sie gemeinsam spazieren. Sie gehen durch die Vororte der großen Städte und durch ihre Siedlungen und, wenn es das Wetter erlaubt, auf das freie Feld, sie schlurfen langsam dahin, gebeugt, als kröchen sie noch durch die niedrigen Stollen unter Tage. Vierzig Jahre Arbeit ohne Sonne, im Staub der Steine, haben sie gezeichnet.

Rund 30000 Silikosefälle sind seit dem letzten Krieg registriert worden, was bedeutet, daß fast jeder vierte Bergmann mehr oder weniger von dieser furchtbaren Krankheit betroffen worden ist, trotz anerkennenswerter Bemühungen, sie einzudämmen. [...]

Die Invaliden gehen ihren immer gleichbleibenden Weg, die Uhren könnte man nach ihnen stellen, sie tapsen durch die Vorstadt gleichbleibenden Zielen zu, entweder zur Autobahnbrücke oder sie wandern hinaus auf die Felder, die an die Vorstädte stoßen, als sei das Ruhrgebiet ein Bauernland. Sie betrachten dann Kampmanns Kühe oder Sellmanns Weizen, oder sie sehen dem Bauern Wittbräucke zu, der schon pflügt, wenn andere noch einfahren, oder sie streiten über die gelben Wolken über den Hoesch-Werken, deren Färbung heute anders zu sein scheint als gestern und woraus das Wetter für morgen oder übermorgen abgelesen werden kann. Oder sie starren mit fast hypnotischer Ausdauer auf die Räder eines nahen Förderturmes, und sie weissagen aus dem Surren der Räder, was sich momentan unter Tage tut. [...]

Sie stehen und starren, stützen sich auf Krückstöcke und geben sparsame Kommentare.

Ist früh dran, der Wittbräucke, sagt Heinrich.

Sehr früh, sagt Emil und hustet.

Warum der so früh dran ist, sagt Fritz. Aber keiner beantwortet seine Frage, die keine war.

Dann gehen sie weiter, umkreist von ihren Hunden, und von weitem sieht es so aus, als bewachten die Hunde die Gruppe der Männer. Früher war der grüne Lodenmantel – der Silikosemantel – ein Markenzeichen dieser Männer. Starb ein Invalide, wurde der Lodenmantel zu einer Schlummerrolle gerollt und mit in den Sarg gegeben. Auch ein Aberglaube: Begräbt man den Lodenmantel mit, begräbt man auch die Krankheit ein für allemal. Das war immer so, das soll so bleiben.

Vierzig Jahre rasselte sie morgens der Wecker aus dem Schlaf in die Hitze und Hetze und in den Staub unter Tage – nun haben sie Zeit, nun ist für sie, falls sie überhaupt noch in Haus und Garten Hand anlegen können, keine Arbeit so wichtig, daß sie nicht auch morgen erledigt werden könnte. Wenn der Nebel kommt, wird man die Invaliden vergeblich suchen, dann liegen sie zu Hause und japsen nach Luft, der Nebel liegt auf der Brust wie ein schwerer Stein. Tage vorher schon sagt Heinrich Pankauke, wenn ich ihn auf der Straße treffe und anfange, über Fußball zu reden, was er am liebsten hat: Der Nebel kommt. Ich spür's. Vom Westen kommt er.

Wenn er vom Westen kommt, ist er besonders schlimm, weil er auch Gift und Gase aus den großen Fabriken bringt. Dann liegt Heinrich Pankauke zu Hause und japst nach Luft und versucht, mit einer Sauerstoffpumpe dem Betonklotz, der ihm Brust und Hals verengt, zu entkommen. Alle zehn Minuten führt er den Schlauch der Pumpe in den Mund und pumpt und schluckt und pumpt und schluckt. Für wenige Minuten wird ihm leichter. Der Betonklotz auf seiner Brust wird immer schwerer, je länger der Nebel anhält, er erstickt sogar den Husten. Dagegen hat die moderne Medizin noch keine Hilfe, sie kann höchstens das Sterben leichter machen. [...]

Wenn sie nach drei, vier Tagen wieder aufstehen – manchmal freilich hält der Nebel Wochen an – und ihren gleichbleibenden Weg spazierengehen, sprechen sie nicht von der Zeit, da ein Betonklotz auf ihrer Brust lag, nicht von den durchjapsten Nächten. Sie gehen einfach ihren Weg, wie zuvor. Sie haben Glück gehabt, nach dem November kommt der Mai, Hoffnung auf ein weiteres Jahr Leben, Leben im Gestern.

Sicher, manchmal fehlt dann einer, den hat dann, wie sie sagen, der Nebel geholt. Und ein anderer wird sagen: War auch besser so, dem war ja in letzter Zeit schon der Weg zur Autobahnbrücke zu viel.

Die anderen nicken, für sie ist der Fall abgeschlossen, bis zum nächsten Nebeleinbruch, dann wird vielleicht wieder einer fehlen, oder ein „Junger" kommt hinzu, der geht dann mit, als sei er schon immer mitgegangen, nur wenn er einen Hund mitbringt, dauert die Gewöhnung einige Tage.

Naja, sagt Heinrich Pankauke, was will ich mehr, ich habe eine gute Rente, und wenn morgens der Wecker rasselt, dann strecke ich ihm die Zunge raus.

Und warum läßt du den Wecker rasseln? fragt einer.

Warum? Weil ich ihm die Zunge rausstrecken will!

Viele Invaliden sehen ihren Lebensinhalt nur noch darin, die Kinder oder Enkelkinder finanziell zu unterstützen; die sollen es einmal leichter haben, die sollen nicht ein Leben lang sparen müssen wie sie, deren Verdienst all die Jahre vorne und hinten nicht reichte, sie haben oft eine höhere Rente als damals, als sie noch arbeiteten und verdienten, und wissen oft nicht, was sie mit der Rente anfangen sollen. Verreisen können die meisten nicht mehr, die Lungen erlauben das nicht, also zu Hause bleiben, leichtes Essen, abends einen Skat in der Kneipe oder einfach nur kiebitzen bei anderen. Ist ein Invalide Witwer, wird er nicht in ein Altersheim abgeschoben, wie vielleicht in anderen Berufen, unter Bergleuten tut man das nicht, das würde gegen den Anstand verstoßen. Vater hat sein Zimmer. Sicher gibt es da Spannungen, schon weil der Vater oder Großvater eine Krankheit hat, die zwar, wie man weiß, nicht ansteckend ist, wohl aber mehr als lästig wirkt. Der Husten, das beständige Krächzen, die Sonderwünsche – durch die Krankheit bedingt – und das ewige Gerede von Gestern, wo die jungen Leute doch im Heute oder Morgen leben. Aber Opa hat eine gute Rente, und Opa gibt, was soll er denn sonst mit seinem Geld anfangen, mit ins Jenseits nehmen, das lohnt nicht. [...]

Zwischen den Zeiten des Nebels finden unsere Invaliden das Leben erträglich. Sie haben sich gefunden im Gestern, und das Gestern war sogar schön, denn da kannte man noch das Für- und Miteinander, heute kennt man nur das Fürsichselbst.

Heinrich Pankauke ist gestern beerdigt worden [...] Zwei Tage nach Heinrichs Beerdigung ging die Gruppe der Invaliden an meiner Wohnung vorbei, sie winkten mir zu, sie waren zehn.

Für Heinrich war also ein neuer hinzugekommen, ich kenne ihn noch nicht, aber ich werde bald erfahren, wer er ist, denn spätestens übermorgen wird Emil zu mir kommen, er erkundigt sich immer nach dem Befinden meines Hundes, er wird dasitzen, meinen Korn trinken und sagen: Schön hast du es hier. Er wird nach einer halben Stunde aufstehen und unter der Tür sagen: Der Paul ist jetzt bei uns. Ist ein kleiner Angeber, sagt, daß er achtzig Prozent Staub hat, aber das glaubt ihm keiner, der kann noch laufen wie ein Rennpferd . . . naja, das Angeben gewöhnen wir ihm noch ab . . . sag mal, kannst mich mitnehmen, Samstag, zu Schalke, ich meine ja nur, weil du doch immer den Heinrich mitgenommen hast . . .?

Ich werde Emil mitnehmen, bis zum nächsten Nebel. Und dann . . . aber das sagte ich ja schon. *(1980)*

11 RD

Umweltschützer: „Bergbau gefährdet die Naherholungsgebiete“

Gesamtkonzept der Landesregierung zur Nordwanderung der Zechen nicht ausreichend

Eigener Bericht

Dortmund/Lünen. In dem Gebiet nördlich der Lippe, in die der Steinkohlenbergbau in den letzten Jahren vorgedrungen ist, befinden sich das Trinkwassergewinnungsgebiet Halterner Sande, das Baudenkmal Schloß Cappenberg sowie die Naherholungsgebiete Cappenberger Wald und Hohe Mark. Nach Auffassung von Experten aller drei großen Umweltverbände werden diese Gebiete nicht einmal leichte Bergsenkungen unbeschadet überstehen.

Heinz-Gerdt Büter von der Landesarbeitsgemeinschaft des Bundes für Umwelt und Naturschutz Deutschlands (BUND): „Daran wird auch das Gesamtkonzept zur Nordwanderung des Steinkohlebergbaus der Landesregierung nichts ändern, da die bereits geplanten Schächte und Abbaufelder davon ausgenommen sind.“ Dazu gehören das Nordfeld der Bergkamener Anlage „Haus Aden“ die Schachtanlage „Auguste Viktoria 9“ in der Hohen Mark und Schacht Rheinberg im Feuchtgebiet Orsoyer Rheinbogen.

Gestern zeigten die Umweltschützer die Probleme auf, die der Steinkohlenbergbau im Gefolge hat.

Bergschäden: Im Zimmer der Familie Jäger in Lünen stehen alle Möbel schief. (WR-Bild: Bodo Goeke)

Von der ehemaligen „Gneisenau"-Halde in Dortmund-Derne schweift der Blick weit in das Land. Die Halde soll nach Beendigung der Aufschüttungen ein Areal von 150 Hektar bedecken. Rund 400 Menschen müssen dafür umgesiedelt werden.

Die Umweltschützer: „Wenn der Bergbau weiter nach Norden wandert, wandern die Abraumhalden mit. Sie werden die Altlasten der Zukunft sein, wenn das Gestein zerfällt und Regen die Schwermetalle auswäscht und in das Grundwasser spült."

In den Lünener Stadtteilen Süd, Gahmen und Horstmar wird ein weiteres Erbe des Bergbaus erkennbar: Die Häuser stehen schief.

In den Wohnungen der erst vor 20 Jahren errichteten Siedlung wird pro Meter ein Gefälle von fünf Zentimetern gemessen: Lampen, Bilder und Gardinen hängen schief, die Suppe fließt vom Teller, Türen öffnen sich von selbst, und wer die Treppen hochsteigt, der hat ein Gefühl wie nach dem zehnten Glas Bier. Die künstlich geschaffene Landschaft wird immer menschenfeindlicher: die Bewohner verlassen die Gegend.

Ähnliche Zustände fürchten die Umweltschützer, wenn der Bergbau in den nächsten 20 Jahren weiter nach Norden bis an die Linie Ascheberg–Wesel wandert. Eine Änderung könne nur das Verfüllen abgebauter Flöze mit dem Abraum und langfristig eine andere, ökologisch orientierte Energiepolitik bringen, sagen sie. *(1986)*

12 spi

Alte Bergwerke sollen Müll schlucken

spi ESSEN. Ausgediente Bergwerke an der Ruhr sollen für die Lösung der Müll-Deponie-Probleme herhalten. Die Ruhrkohle (RAG) prüft zur Zeit in allen Stollen nach, ob und in welchem Umfang im großräumigen Maßstab Müll – auch Sonderabfälle mit Ausnahme radioaktiven Materials – unter Tage abgelagert werden könne. Bis spätestens Mitte nächsten Jahres sollen die Ergebnisse vorliegen. In der stillgelegten Dortmunder Zeche „Minister Stein" werden bereits per Großversuch die technischen Möglichkeiten studiert.

Vorstandsmitglied Fritz Ziegler versteht diese Pläne als „Angebot der Ruhrkohle" für die Entsorgung der Region wie auch für die der Kunden – etwa die Betreiber von Steinkohle-Kraftwerken. Deponieflächen würden knapp und immer teurer. Der Bergbau schafft seinen Worten zufolge jedes Jahr 50 bis 60 Millionen Kubikmeter Hohlräume in mehr als 1000 Meter Tiefe. Damit bestehe auch keine Gefahr für das Grund- und Trinkwasser. Die Kosten für die Untertage-Deponie seien nach bisherigen Ergebnissen in jedem Fall billiger als die Lagerung etwa in der DDR. *(1987)*

13 spi

Bergwerke als Müllkippe

Chance für das Ruhrgebiet

Noch ist die Reaktion auf den Vorschlag unterkühlt. Das Ruhrgebiet soll Müllplatz der Nation werden? Die Idee der Einheitsgesellschaft Ruhrkohle, alte Stollen und ausgediente Bergwerke als Deponien zu nutzen, anstatt sie wie bisher absaufen zu lassen, ruft keinerlei Begeisterung hervor. Die Politiker üben Zurückhaltung und schmieden weiterhin unverbindliche Milliarden-Pläne, obwohl die bisherigen Programme zur Arbeitsplatz-Beschaffung ohne viel Wirkung meist versickerten. Noch mehr Dreck im „Ruß-Land"? Nein danke.

Doch eine derartige Haltung ist ebenso emotional wie die schier unstillbare Sehnsucht nach „High-Tech[1]-Unternehmen". Dabei könnte sich zwischen Rhein und Weser ohne gewaltige Subventionen[2] eine neue gewinnbringende Branche etablieren, die in Ansätzen schon existent ist: die Entsorgungswirtschaft. Das Ruhrgebiet verfügt durch seine Bergwerke über riesige Hohlräume, die tausend und noch mehr Meter unter der Erde liegen. Sie können aufgefüllt werden und sind auch bestens als Abladeplatz geeignet. Denn eine Gefährdung des Grundwassers wie bei der üblichen Oberflächen-Lagerung des Mülls besteht nicht.

Ferner besitzt das Revier die notwendige Infrastruktur[3]. Ein dichtes Eisenbahnnetz erlaubt umweltschonenden Transport des Abfalls ohne Belästigungen der Anwohner. Auch die Entlade-Einrichtungen sind vorhanden oder leicht zu ergänzen, ganz zu schweigen von den bergmännischen Erfahrungen für die Arbeiten unter Tage. Während andernorts die Kommunen kaum noch Deponie-Raum haben und nicht wissen, woher sie den dringend benötigten neuen nehmen könnten, liegen die alten Bergwerke und Stollen an der Ruhr brach da – und empfehlen sich als umweltschonende und zudem wahrscheinlich billigere Alternative.

Verwunderlich eigentlich nur, wieso die Ruhrkohle diesen Gedanken erst jetzt intensiver zu verfolgen beginnt. Winkt doch ein durchaus lukratives[4] Nebengeschäft. Vielleicht ist diese Aussicht auf guten Verdienst ein Schlüssel dafür, die nicht ganz unverständliche psychologische Hemmschwelle gegenüber Abfall im Unternehmen selbst wie auch in der Region zu überschreiten. Wie sagte unlängst ein privater Entsorgungsunternehmer mit Blick auf seine Rückgewinnungs-Anlage wie auch auf seine Bilanz? „Müll ist eine saubere Sache." Na also. *(1987)*

1) High Tech: Kurzwort für Hoch(entwickelte) moderne Technologie
2) Subventionen: Zuschüsse aus öffentlichen Mitteln
3) Infrastruktur: wirtschaftlich-organisatorischer Unterbau einer hochentwickelten Wirtschaft
4) lukrativ: gewinnbringend

IV. Nachbarn von weit her

14 Stefan Klein
Frontstraße in Hüttenheim

Die Straße heißt „An der Steinkaul". Udo Baer nennt sie „Frontstraße". Auf der einen Seite der Front haben die Häuser kleine Gärtchen, auf der anderen Seite düstere Hinterhöfe. Auf der einen Seite steht die Trinkhalle von Heidi H., einer resoluten Frau, die ausspricht, was sie denkt. Sie sagt, und dabei hat ihre Stimme einen etwas schrillen Klang: „Türken? Die haben wir gefressen. Die stehen uns bis obenhin. Randvoll." Auf der anderen Seite wohnt Hüseyin Horoz, Arbeiter bei Thyssen, mit seiner Familie. Acht Personen, vier Zimmer, kein Bad. Er klagt: „Die Deutschen laufen weg, wenn sie uns sehen. Am Arbeitsplatz schikanieren sie uns. Die wollen uns rausekeln."

Die Straße „An der Steinkaul" ist Grenzgebiet. Im deutschen Teil kann man nachmittags regelmäßig die Hausfrau Margret H. die Straße fegen sehen. Weißer Arbeitskittel aus Nylon, energisches Gesicht: „Ich habe ja wirklich nichts gegen Türken, weiß Gott nicht, aber dieser Dreck und der Krach – vor allem abends, da werden die ja erst richtig lebendig." Im türkischen Teil spricht Dervis Sabooglu, Schichtarbeiter bei der Mannesmann-Hütte, viel von „Vorurteilen der Deutschen" und von seinem Herzen, in dem es traurig aussehe. „Integration"[1], sagt er, „gibt's nur auf dem Papier." Seine zehnjährige Tochter Zehra hat ihm berichtet, daß die deutschen Kinder in der Klasse der Lehrerin gesagt haben, sie wollten nicht mit Türken zusammensein. Drüben, auf der anderen Seite, erzählt Frau H., daß ihr Sohn schon mal ein Türkenkind „angepinkelt" habe – „hat er doch recht gehabt".

---

[1] Integration: Zusammenschluß, Eingliederung

Fronterlebnisse im Duisburger Stadtteil Hüttenheim. Udo Baer vergleicht die Straße „An der Steinkaul" mit der Berliner Mauer – „nur daß hier nicht geschossen wird". Er muß es wissen. Als Mitarbeiter der Arbeiterwohlfahrt (AWO) ist er mit einer dreiköpfigen Helfergruppe seit ein paar Wochen dabei, im Rahmen eines Forschungsprojekts des Bundesfamilienministeriums in Hüttenheim Integrationsmaßnahmen zu erproben – eine denkbar schwierige Aufgabe. Hüttenheim, das ist nämlich ein Beispiel für eine extreme Zusammenballung deutsch-türkischer Probleme in einer Stadt, wo mittlerweile über 40000 Türken leben – eine Zahl, die in den Städten an Rhein und Ruhr nur in Köln (56000) übertroffen wird. [...]

Über sieben Prozent der Duisburger sind Türken, und die Tendenz geht weiter in Richtung Zunahme. Womöglich wird die starke Repräsentanz[2] der Türken in Duisburg demnächst sogar akustischen Ausdruck erfahren. Jedenfalls läuft ein Antrag, die gläubigen Moslems wie zu Hause in der Türkei vom Muezzin[3] zum Gebet rufen zu lassen. Schon ist so ein Gebetsruf in einem Testverfahren vom Duisburger Ordnungsamt auf seinen lärmbelästigenden Charakter hin untersucht worden, bereits wird an einem Gutachten gearbeitet, in dem die Frage geklärt werden soll, ob der Ruf des Muezzin etwa dem Glockengeläut christlicher Kirchen gleichzusetzen ist. Und so kann es denn kommen, daß der Singsang des Muezzin demnächst mehrmals am Tag über Duisburg zu hören sein und die Gläubigen in die insgesamt elf Moscheen der „Stadt Montan"[4] rufen wird – in Bruckhausen und Hochfeld, Marxloh und Meiderich, den Stadtteilen mit einem hohen Türkenanteil.

Den höchsten aber hat Hüttenheim. Dieser Stadtteil im Süden Duisburgs hat 5973 Einwohner, davon sind 2408 Türken, ein Anteil also von 40,3 Prozent. Noch extremer werden die Zahlen, wenn man sich spezielle Altersgruppen ansieht. Bei den unter 18jährigen beispielsweise ist die Zahl der Türken mit 1226 weit höher als die der Deutschen (814). Und was die Ein- bis Dreijährigen betrifft, da sind die deutschen Kleinkinder bereits zu einer verschwindend kleinen Minderheit geschrumpft: 103 Türken, 15 Deutsche. Ein türkisches Ghetto[5] hat sich hier gebildet, eine Konzentrierung und Massierung, die vor allem in einem Teil Hüttenheims enorme Probleme und Schwierigkeiten aufgetürmt hat. Es ist dies jene Ecke, wo die Mannesmann-Hütte und das Thyssen-Walzwerk im spitzen Winkel aneinanderstoßen, wo der Blick nach Norden durch eine Batterie von Hochöfen verstellt ist, wo die Schlote mal bräunliche, mal gelbliche Abgase in den Duisburger Himmel entlassen und wo die Rangierkommandos vom Mannesmann-Werksbahnhof weithin zu hören sind.

In dieser Industrie-Enklave leben tatsächlich Menschen: in der einen Hälfte fast nur Türken, in der anderen überwiegend Deutsche. Die Grenze bildet die Straße „An der Steinkaul". Die Häuser, die sie bewohnen, gehören fast ausschließlich Mannesmann.

[...] Der Wandel ist offenkundig: in der Straße „An der Batterie" beispielsweise gab es früher drei deutsche Gaststätten, zwei davon sind heute in türkischer

2) Repräsentanz: Vertretung, hier: Bevölkerungsanteil

3) Muezzin: arabischer Gebetsrufer

4) (Stadt) Montan: Bergbau-Stadt

5) Ghetto: ursprünglich: Judenviertel, hier im übertragenen Sinn Bezeichnung für abgeschlossene Wohngebiete von Minderheiten

Hand. Die eine hat man nach einem Palast in Istanbul „Topkapi" genannt. In der Musicbox können die Gäste zwischen Katja Ebstein und Hüseyin Can wählen. In der gleichen Straße sind auch die türkischen Geschäfte in der Mehrzahl: hier ein türkischer Lebensmittelladen mit einer Fleischabteilung, dort ein türkisches Kleidergeschäft, unter dessen Schaufenster verblichene Buchstaben noch an die frühere Funktion des Ladens erinnern: „Bäckerei". Im Büdchen am Ende der Straße liegt „Tercüman"[6] neben „Bild".

Anderes Beispiel: Rosenbergstraße. Deutsche Geschäfte gibt es nicht mehr. „Türkmen"[7] heißt es an einer Fensterscheibe. Ein Schild verheißt Gida Maddeleri – Lebensmittel. Gegenüber ein kleiner Kramladen, wo es vom Warndreieck über Feuerzeuge bis zur Feinstrumpfhose so ziemlich alles gibt. Daneben ein ehemaliges „Milch-Fachgeschäft". Statt Molkereiprodukten werden dort heute Oliven, Paprikaschoten und Hammelfleisch verkauft. Und wieder auf der anderen Seite eine Art Ladenlokal mit großen Fensterscheiben und Gardinen dahinter. Ein im Fenster aufgehängtes Plakat zeigt die große Moschee in Mekka. Darüber ein Schild mit der Aufschrift „Kuran Kursu".[8] Die Lokalität ist die Moschee der gläubigen Türken in Hüttenheim. Das Innere – größer als es von außen erscheint – ist mit Teppichen ausgelegt. In einem kleinen Vorraum ein Regal für die Schuhe. An Freitagen, dem Feiertag der Moslems, ist der große Gebetsraum mittags mit dichten Reihen betender Türken gefüllt. Im Keller, der ebenfalls mit Teppichen ausgelegt ist, finden täglich Koran-Kurse für die Kinder statt. Alte Hüttenheimer haben früher hier eingekauft: Da war die Moschee noch ein Lebensmittelladen.

Aber das ist nun schon lange her. Das „alte Hüttenheim", von dem die Deutschen etwas wehmütig reden, lebt nur noch in ihrer Erinnerung. An deutschen Geschäften sind nur noch ein Textilladen, eine Bäckerei und ein Getränkelager übriggeblieben. Hinzu kommen noch zwei Kneipen. Aber eine von beiden, so heißt es, werde demnächst zumachen, der Textilladen ebenfalls, und was die Bäckerei betrifft, da sagt die Besitzerin, türkische Interessenten würden ihr „die Bude einrennen". Sie will jedoch standhaft bleiben, und ihr Mann hätte auch gesagt „ein Türke bei uns in der Backstube – da drehen sich die Eltern im Grabe herum". Die Deutschen in diesem Teil Hüttenheims sind längst in der Minderzahl. Auf der türkischen Seite gibt es zwar noch hie und da ein paar deutsche Einwohner – aber die ziehen nach und nach aus. „Da flieht alles", sagt die Bäckersfrau, allein im letzten Monat seien „sieben, acht Familien weggezogen". Und so wird denn bei den letzten Deutschen jenseits der Straße „An der Steinkaul" das Gefühl immer stärker, das Udo Baer mit dem Begriff „Minderheiten-Bewußtsein" umschreibt.

Das Gefühl, sich einer wachsenden Mehrheit fremder Menschen gegenüberzusehen, hat bei einer Reihe von ihnen eine Abwehrhaltung entstehen lassen, die offenbar zu gleichen Teilen von Angst, Hilflosigkeit und Aggressivität[9] genährt wird. Zwar gilt das nicht für alle – die Besitzerin des „Hüttenheim-Grill" etwa sagt, sie käme mit den Türken gut aus, und auch Frieda Cornelissen, die Büdchen-Frau in der Ungelsheimerstraße, kennt „keine Probleme mit den Türken". Aber bei vielen anderen klingt doch blanker Haß durch – etwa wenn die andere

6) Tercüman: (türkische Zeitung)

7) Türkmen: Türken

8) Kuran Kursu: türkisch: Koran-Kurse (Koran = Religionsbuch der Mohammedaner)

9) Aggressivität: Angriffslust, Streitsucht

Büdchen-Frau Heidi H. sagt: „Ich betrachte die nicht als Menschen, die leben doch wie die Tiere.“ Auch wenn viele Sätze mit der Einleitung „ich hab’ ja wirklich nichts gegen Türken“ beginnen, so offenbart die Fortsetzung doch meist tiefe Abneigung – so auch bei einer etwa 40jährigen Hüttenheimerin: „Neulich hieß es doch, wir sollten mal mit den Türken-Frauen zusammen Kaffetrinken. Das ist doch wohl das letzte. Wer bin ich denn?“ Und fast immer münden solche Tiraden in die gleiche schrille Forderung, wie sie auch Margret H. artikuliert: „Die sollen sich uns gefälligst ma’n bißken anpassen.“ *(1981)*

15 Peter Szymaniak

Türken: Wir laden alle Hertener am Samstag zur Hochzeitsfeier ein

Vater des Bräutigams verzichtet dafür auf ein neues Auto
„Deutsche Mitbürger sollen uns besser kennenlernen“

waz HERTEN

Eine „Großhochzeit zur Völkerverständigung“ feiert am Samstag die türkische Familie Celik in Herten. Erol Celik und Yüksel Yildiz, beide 19 Jahre jung, heiraten – und alle interessierten Hertener Bürger sind ab 14 Uhr in die Gesamtschule der Stadt eingeladen. „Wir wollen dabei unseren deutschen Gästen Zeremonie und Gebräuche einer türkischen Hochzeit erklären, um Vorurteile gegenüber Türken abzubauen. Das ist besser als noch so viele Politiker-Reden“, meint Cengiz Celik, der Bruder des Bräutigams und Initiator[1] der Feier mit deutschen und türkischen Gästen.

„Ich habe schon lange davon geträumt, so etwas Besonderes für die deutsch-türkische Freundschaft zu machen“, sagt Cengiz Celik. Sein Vater Sadik, der die Hochzeit von Erol finanziert, ließ sich von der Begeisterung anstecken. „Der verzichtet dafür sogar auf

[1] Initiator: Urheber, Anstifter

ein neues Auto, das er sich kaufen wollte. Weil er es besser findet, möglichst vielen Deutschen türkische Kultur nahezubringen. Schließlich leben wir hier und möchten mit den Deutschen gut auskommen.“

Rund 1000 Gäste erwartet die Familie Celik, die seit 1969 in der Bundesrepublik lebt. Vater Sadik Celik arbeitet auf der Zeche Schlägel & Eisen, einer der drei Schachtanlagen in Herten. Er will die Trauung auf traditionelle türkische Art vollziehen.

Vor der Gesamtschule an der Fritz-Erler-Straße in Herten werden am Samstag um 14 Uhr über 200 Autos erwartet. Der stolze Bruder des Bräutigams: „Wir haben allen Freunden und Bekannten Bescheid gesagt. Alle wollen die Braut abholen!“ Mit Trommeln, Gitarren, Flöten, Gesängen und Gehupe. „Alle in der Stadt sollen wissen, daß die beiden heiraten.“

Für das Fest richten die Frauen der Familie ein großes Büffet mit vielen türkischen Leckerbissen an: mit gegrillten Spezialitäten aus ihrer Heimat, gefüllten Weinblättern und Anisschnaps. Auch um ein Rahmenprogramm hat sich Vater Sadik Celik gekümmert: Eine türkische Musikband aus Herten spielt zum Tanz auf, und dazu gibt's auch noch Folklore[2] aus Anatolien. *(1986)*

2) Folklore: Teil der Volkskultur, Volksmusik, -tanz, -tracht usw.

16 Türkischer Bergmann: **„Ich will hierbleiben“**

Dietrich Stahlbaum führte ein kurzes Gespräch mit Mustafa. Die Aussagen geben einen kurzen Einblick in Mustafas Lebenslauf und in die möglichen Schwierigkeiten ausländischer Mitbürger.

„Ich komme aus Giresun. Das ist eine Hafenstadt am Schwarzen Meer, eine Provinzhauptstadt mit 55000 bis 60000 Einwohner. Da habe ich als ungelernter Bauarbeiter gearbeitet. Aber meistens habe ich keine Arbeit gehabt. Die Arbeitslosigkeit ist in der Türkei sehr groß. Die Lebensbedingungen sind sehr schlecht. Unser Leben war dort sehr schlecht. Ich stamme aus einem Dorf, und da hatte ich damals keine Ahnung von der Politik.“

„1967 war ich auf dem Arbeitsamt in Istanbul. Dort wurden Türken angeworben. Ich habe mich gemeldet. Ich wurde zwanzig Tage lang von einem deutschen Arzt untersucht. Dann kam ich nach Marl, in ein Bergmannsheim: drei Monate über Tage, also vier Stunden arbeiten, vier Stunden Schule. Danach Untertagearbeit. Vor Ort, als Hauer, Kohle machen!“

„Die ersten drei bis sechs Monate in der Bundesrepublik waren schwer, dann ging es besser – bis vor drei Jahren. Da hieß es schon: Türken raus!

Wir Ausländer machen Schwerarbeit, aber viele Deutsche sagen: Türken raus! Schon im Kindergarten sagen kleine deutsche Kinder zu den türkischen Kindern: Du Türke, Ausländer raus!“

„Mit meinen deutschen Hausnachbarn komme ich gut aus. Ich habe viele deutsche Freunde, Arbeitskollegen von der Zeche und andere. Die Zusammenarbeit mit den deutschen Kollegen vor Ort ist gut. Wir sind Kumpel. Aber Ausländerfeindlichkeit gibt es auch in der Zeche, teilweise. Das sind Leute von anderen Abteilungen. Die arbeiten nicht mit Türken zusammen. Wenn wir mit denen bei der Seilfahrt im Korb sind, sagen sie: Hier, Mustafa, 20000 Mark – zurück Türkei!

Das ist wie ein Trinkgeld. Man kann mit 20000 Mark, 30000, 36000 Mark in der Türkei keine Existenz gründen. Davon kann man nicht einmal ein kleines Haus bauen. Das kostet wenigstens 50000 Mark. Ich bin Bergmann. Ich habe keinen anderen Beruf gelernt. In der Türkei gibt es keinen Arbeitsplatz für mich. Meine türkischen Kollegen hier haben dasselbe Problem. Viele würden auch politische Probleme haben, wenn sie in ihre Heimat zurückkehren würden.“

„Ich will hierbleiben mit meiner Familie. Wir haben uns hier gut eingelebt.

Meine Frau ist 1980 in die Bundesrepublik gekommen. Wir haben drei Kinder: einen Sohn, der ist 26 Jahre alt. Er kam 1975 aus der Türkei. Er war auf dem Gymnasium in Giresun, ohne Abschluß. Er ist Bergarbeiter bei der Zeche Blumenthal, verheiratet, drei Söhne. Der andere kam mit seiner Schwester 1978. Er ist 24 Jahre alt. Er hat Abitur und will hier weiterstudieren: aber das hat nicht geklappt, weil sein Abitur hier nicht anerkannt wird. Er ist aus politischen Gründen aus der Türkei geflüchtet, hat Asyl beantragt und darf zwei Jahre nicht arbeiten.“

„Meine Tochter war 17 Jahre alt, als sie hierherkam. Deshalb konnte sie Arbeit bekommen. Sie arbeitet in einem Lohnsteuerbüro und will auch weiterstudieren. Ein großes Problem sind die türkischen Kinder, die in der Bundesrepublik aufgewachsen sind. Die meisten sprechen besser deutsch als türkisch. Sie haben zu Hause immer Krach. Viele verlassen die Familie, hauen einfach ab. Wir wollen Türken bleiben, aber gut mit den Deutschen zusammenleben.“ *(1982)*

17 Uwe Knüpfer

Wenn die Türken gehen

Eine forcierte[1] Heimkehr macht nicht nur Arbeitsplätze frei, sondern schafft auch neue Probleme

Türkenheim stirbt. Der Duisburger Ortsteil Alt-Hüttenheim, eine geschlossene Siedlung im Eigentum der Mannesmann AG, besteht aus insgesamt 530 Wohnungen. In nur dreizehn davon leben deutsche Familien. Den Rest bewohnen Türken – bewohnten Türken: Knapp dreihundert Wohnungen sind seit dem Sommer unbewohnt. Ihre Fenster sind verrammelt mit hölzernen Läden, die großen Innenhöfe meist menschenleer. Auf den Straßen parken nur wenige Autos. Es ist still. Vereinzelt laufen spielende Kinder ins Bild, buntgekleidet, und wirken, als seien sie auf Expedition in eine Geisterstadt.

Viertausend Türken haben Duisburg verlassen, sind in ihre alte Heimat zurückgekehrt: meist ehemalige Mannesmänner mit ihren Familien. Siedlung und Fabrik trennt nichts als eine breite Autopiste. Natürlich heißt sie Mannesmannstraße.

Das Management von Mannesmann hat die anfängliche Türkenraus-Politik der christlich-libera-

[1] forcieren: (mit Gewalt) vorantreiben, beschleunigen

len Bundesregierung mit innerbetrieblichen Mitteln unterstützt. So konnten sich Mannesmann-Türken, die in die Heimat zurück wollten, nicht nur ihre gesetzlichen Rentenansprüche kapitalisieren[2] lassen, sondern zusätzlich auch ihre Betriebsrente. Weil Geld allein nicht willig macht, lud das Unternehmen seine ausländischen Mitarbeiter außerdem zu Deutschkursen und machte ihnen klar: Wer nicht besteht, der fliegt – ohne kapitalisierte Rente.

Wenn die ungeliebten Fremden nur endlich dahin gehen, wo sie herkamen, so hoffen noch immer viele Politiker und Bürger an Kabinetts- und Stammtischen, wird es den Deutschen gleich viel besser gehen. Vor allem verschwindet endlich die leidige Arbeitslosigkeit – in Richtung Anatolien[3], wo sie ohnehin seit langem zu Hause ist. Endlich dürfen dann Deutsche wieder Straßen fegen, sich in Bergwerksstollen krümmen und am Hochofen schwitzen.

Doch solche Rechnungen werden ohne die Türken gemacht. Denn die Ausländer arbeiten und verdienen nicht nur hier. Sie sind zugleich auch Steuer- und Beitragszahler; sie sind Konsumenten[4], haben große Familien zu kleiden und zu ernähren; sie hinterlegen ihre Erspartes zumeist bei deutschen Banken; sie zahlen Mieten für Wohnungen, die deutsche Behörden ansonsten für unvermietbar halten. Als soziales „Problem" betrachtet, sichern sie die Arbeitsplätze von Lehrern, Sozialarbeitern und Wissenschaftlern.

Alt-Hüttenheim war noch vor einem Jahr voller Leben. Deutsche und Türken feierten gemeinsam den 70. Geburtstag ihres Ortsteils. Jetzt will Mannesmann in seiner Siedlung vier von sieben Wohnblocks abreißen. Jahrzehntelang wurde hier nicht renoviert, jetzt schätzt der Eigentümer die Modernisierungskosten auf achtzigtausend Mark pro Wohnung. Die dann erforderlichen Mieten würde niemand zahlen wollen – nicht in dieser Wohnlage.

Georg Behrend, beredter Sprecher der Bürgerinitiative „Rettet Hüttenheim" – er war selbst 34 Jahre lang Betriebselektriker im Werk jenseits der breiten Straße –, hält dieses Argument seines früheren Arbeitgebers allerdings für „reine Demagogie"[5]: „Wir gucken seit siebzig Jahren auf den Hochofen. Wenn die Wohnungen hier nicht vermietbar sind, müßte man das ganze Ruhrgebiet abreißen." Charlie, wie ihn hier alle nennen, verweist in bestem Soziologendeutsch[6] auf die „herrlichen Kommunikationsmöglichkeiten[7] in den Innenhöfen", auf das reiche Grün in den Straßen,

2) kapitalisieren: in eine Geldsumme umrechnen
3) Anatolien: asiatischer Teil der Türkei
4) Konsument: Verbraucher, Käufer
5) Demagogie: Volksverführung, -aufwiegelung
6) Soziologendeutsch: Sprachgebrauch der Soziologen, wegen des Gebrauchs von Fachausdrücken oft als unverständlich bezeichnet
7) Kommunikation: Verbindung, Austausch

auf das menschliche Maß der Bauten. Charlie ist offenbar alles andere als froh darüber, daß die Türken weg sind. Deren Vertreibung so scheint ihm zu schwanen, könnte auch ihn seiner Heimat berauben.

Ihr Exodus[8] hat jedenfalls schon manchen anderen um bisher sicher geglaubte Einkünfte beraubt. Ihre Lebensmittel-Großeinkäufe tätigten die Türken bei Aldi in Huckingen. Der verschwiegene Handelsriese gibt Umsatzzahlen nicht preis. Auch die Hauptgemeinschaft des Deutschen Einzelhandels hat noch nie ermittelt, was und wieviel die Gastarbeiter-Familien kaufen. Sicher glaubt man dort nur zu wissen, daß sie „gerade im Schlußverkauf eine große Rolle“ spielen.

Für Ismet Tepe dagegen ist die Sache klar. Er besitzt einen Lebensmittelladen in Alt-Hüttenheim – noch. Um sechzig Prozent, so schätzt er, sei sein Umsatz seit dem Sommer gesunken. Auch Hakki Bankaoglu gleich nebenan, der Videos verleiht und Getränke sowie Süßes verkauft, klagt über schlechte Geschäfte. Dem deutschen Bäcker um die Ecke geht es nicht anders, und mittelbar spüren die Umsatzeinbußen der türkischen Kleinhändler auch die deutschen Großhändler.

Der Leiter der Sparkassen-Zweigstelle Hüttenheim weist zwar Gerüchte energisch zurück, seine Filiale solle geschlossen werden. Doch daß der Weggang der Türken auf Spar- und Darlehenskonten durchaus deutliche Spuren hinterlassen hat, räumt er ein. 360 von insgesamt zweitausend Sparkonten, die in seiner Filiale geführt wurden, sind aufgelöst worden. Rund zwei Millionen Mark an Einlagen gingen verloren, knapp zehn Prozent der Gesamteinlage. [. . .]

Die Universität Duisburg befragte türkische Arbeitnehmer danach, wie groß ihre „Rückkehrneigung“ sei. Nebenbei kam heraus, daß die Befragten nur ein Fünftel ihrer Einkommen in die Heimat überweisen. Der große Rest fließt wieder zurück in die deutsche Volkswirtschaft.

Auch die Schulträger lernen in Duisburg gegenwärtig ein „Ausländerproblem“ ganz neuer Art kennen und fürchten. 1672 türkische Schüler mußten sich im Sommer, manchmal Hals über Kopf, von ihrem Klassenverband trennen. Die beiden Hauptschulen in der Umgebung Alt-Hüttenheims bekamen zum neuen Schuljahr nur jeweils eine fünfte Klasse voll. Die Stadt Duisburg denke einstweilen nicht daran, eine Schule zu schließen, beteuert der zuständige Schulrat. Doch seien „für die Zukunft organisatorische Maßnahmen nicht auszuschließen“. Vorerst mußten zwanzig Lehrer versetzt werden, und die Klassen wurden kleiner.

Viele Pädagogen haben sich in den letzten Jahren mit großen Engagement weitergebildet, um den besonderen Schwierigkeiten ihrer türkischen Schüler gerecht zu werden. Viele Universitäten bieten

8) Exodus: Auszug (ursprünglich aus dem „Gelobten Land“)

inzwischen spezielle Ausbildungsgänge an. Nicht auszudenken, wie das Heer der arbeitslosen Akademiker weiter wachsen würde, wenn wirklich alle Türken gingen.

Von der Essener Ruhrkohle sind schon zu viele Türken weggegangen. Zeitlich parallel zur Geltungsdauer der Bonner Rückkehrhilfen spendierte das Unternehmen jedem ausländischen Mitarbeiter 2,5 Monatsgehälter plus Weihnachtsgeld, wenn er sich entschloß, vorzeitig auszuscheiden. Im Durchschnitt waren das zehntausend Mark. Das verlockte mehr Türken als geplant. Eigentlich hatten in diesem Jahr dreitausend „in die Anpassung gehen" sollen. Jetzt werden es voraussichtlich doppelt so viele sein. Die meisten der Ausscheidenden sind erfahrene Bergleute und nicht ohne weiteres zu ersetzen. In einzelnen Abbaustreben kann der Betrieb nicht länger aufrechterhalten werden. An eine Erneuerung des spendablen Angebots, das bis zum 30. Juni befristet war, denkt bei der Ruhrkohle deshalb heute niemand mehr.

Ähnlich die Bundesregierung. Zwar gibt sie ihre Rückkehrhilfe-Aktion offiziell als „vollen Erfolg" aus. Dennoch heißt es in Norbert Blüms Arbeitsministerium, an eine zweite Auflage werde nicht gedacht. Nicht zuletzt deshalb, weil die freundlichen Hilfsangebote oft als „Abschiebeprämien" mißverstanden worden seien.

Die Türken haben die deutschen Politiker schon richtig verstanden. [...] Der Sozialwissenschaftler Faruk Sen ist sich nach vielen Gesprächen mit Landsleuten in Duisburg sicher: „Die meisten von denen, die zur Rückkehr entschlossen sind, hat nicht das Geld dazu bewogen. Der stärkste Beweggrund ist, daß sie sich von ihrer deutschen Umgebung abgelehnt fühlen."

[...] Der Exodus von „Türkenheim" ist in dieser räumlich konzentrierten Form ein Einzelfall und wird es vorerst bleiben. An anderen Orten ist mit einer so massierten Rückkehr nicht zu rechen. Denn [...] alle vorliegenden Umfragen weisen darauf hin, daß die Mehrheit der Türken bleiben will. Wer weiß: Vielleicht wird ihnen eines Tages nicht nur Charlie dafür dankbar sein.

Aber das Beispiel Alt-Hüttenheim macht deutlich, daß eine massive Rückkehr von Gastarbeitern nicht nur Probleme löst, sondern neue schafft. *(1984)*

18 Norbert Bicher

Schüler aus dem Revier suchten ihre alten Freunde in Anatolien

Nach Studienreise herbe Kritik an der deutschen Gastarbeiter-Politik

Schwerte

Eine Lustreise war es nicht. Die herrliche Landschaft Anatoliens, der Zauber der Schwarzmeerküste, die Unberührtheit der türkischen Ägäis[1]-Strände: 26 Jugendliche aus dem Ruhrgebiet haben nicht solch idyllische[2] Bilder von einer Vier-Wochen-Tour durch die Türkei mitgebracht; stattdessen handfeste politische Erkenntnisse, die sie an diesem Wochenende Bundeskanzler Kohl ins Haus schicken. „Die Auswirkungen", heißt es in dem Brief der jungen Leute an die Bundesregierung, „der Gesetze zur Förderung der Rückkehrbereitschaft ausländischer Arbeitnehmer auf Kinder, die gegen ihren Willen in der Türkei leben müssen, sind ein Hohn in bezug auf die im Grundgesetz und UN-Richtlinien niedergeschriebenen Rechte von Kindern."

Im Klartext: Kinder und Jugendliche leiden am meisten unter jenen finanziell bezuschußten Maßnahmen, mit denen türkischen Familien im letzten Jahr der Abschied aus der Bundesrepublik „erleichtert" wurde. Interviews mit Betroffenen, Arbeitseinsätze in türkischen Dörfern, Eindrücke über autoritäre Familienstrukturen[3] sind der Erfahrungsschatz, aus dem die Jugendlichen schöpfen. Sie alle sind Mitarbeiter in der evangelischen Jugendarbeit. Auf die Idee zu dieser Studienreise kamen sie, als „plötzlich ein guter Teil der Besucher in unseren ‚Häusern der offenen Tür' nicht mehr auftauchte." Ob in Dortmund, Dorsten, Duisburg oder Bochum, die Jugendlichen wollten wissen, was aus ihren in die Türkei zurückgereisten Altersgenossen aus der ehemaligen Nachbarschaft wohl geworden sei.

„Nichts Gutes", so wissen sie jetzt. Fein säuberlich haben sie analysiert, daß die Kinder am meisten unter der überstürzten Heimkehr in „eine fremde Heimat"zu leiden hatten. Der Schwerter Ralf-Erik Posselt, Sozialpädagoge am

1) Ägäis: Teil des Mittelmeers
2) idyllisch: ländlich, friedlich, einfach
3) autoritäre Familienstruktur: strenges Familiengefüge, meist mit beherrschender Vaterfigur

Amt für Jugendarbeit der Evangelischen Kirche in Nordrhein-Westfalen, faßt die Eindrücke so zusammen: „Den Vätern gelingt es meistens, mit dem Geld aus Deutschland eine Existenz aufzubauen. Die Mütter haben Schwierigkeiten, sich wieder an die Strukturen zu gewöhnen und die Kinder werden als ‚Deutschländer' verspottet."

Wie Celal etwa in der anatolischen Stadt Elbistan. Über ein Gespräch mit ihm haben die Jugendlichen notiert: „Er ist 18 Jahre alt und lebte 16 Jahre in Deutschland. Er hat nur wenige türkische Freunde, die er jetzt besuchen kann. Aufgrund seiner geringen türkischen Sprachkenntnisse hat er mit Kontakten zu anderen Türken seine Schwierigkeiten."

Noch bitterer die Erfahrungen einer 21jährigen Türkin, die die Jugendlichen aus Deutschland ebenfalls in Elbistan interviewten: „Ermine hatte nur eine Wahl, sie hätte in Deutschland bleiben können, allerdings wäre sie von ihrer Familie verstoßen worden. Die Eltern hätten sie nicht mehr als ihre Tochter aufgenommen. So lebt sie nun in einem ihr genauso fremden Land, wenn nicht noch viel fremder als Deutschland für sie ist; und hat das Gefühl, nie wieder glücklich zu werden." Besonders für Mädchen, so haben die Jugendlichen aus dem Revier in ihrem Bericht festgehalten, sei die Rückkehr in die Türkei eine Tortur. „Für solche Mädchen, die in großen Städten leben", erklärt Sozialarbeiter Posselt, „besteht immerhin noch die Möglichkeit, Abitur zu machen und dann auf einen Studienplatz in Deutschland zu hoffen. Für den größeren Teil von ihnen, wohnhaft im türkischen Hinterland, existiert selbst dieser Traum nicht." Für ein Mädchen schickt es sich im Denken der Familien-Clans dort nicht, in einem Internat in der Stadt zu leben.

Um diese und viele andere Erfahrungen reicher, wollen die Jugendlichen – unter ihnen vier in der Bundesrepublik lebende Türken – bei der Bundesregierung auf den „Putz klopfen". Daneben will die Arbeitsgruppe an Schulen, bei „Offenen Türen" und Straßenaktionen ihre Reiseerlebnisse weitergeben.

Auch Ministerpräsident Johannes Rau ist an den Ergebnissen dieser Fahrt interessiert. Er hat die Gruppe zu einem Gespräch in die Staatskanzlei eingeladen. Schon im Vorfeld der Reise war es zur Zusammenarbeit zwischen Regierung und Jugendlichen gekommen. Schöne Worte oder Fensterreden hat Rau nicht zu erwarten. „Die meisten von uns", so Ralf-Erik Posselt, „waren von den Erlebnissen erschüttert." Für ihn keine Frage, daß die Türkeifahrt erst der Anfang der Arbeit war. Konkret plant die Gruppe zur „Woche der ausländischen Mitbürger" im September eine Plakataktion. Eine offene Hand, auf der fordernd zu lesen ist: „Pack meinen Freund nicht an!" *(1985)*

V. „Bei uns is wat los!“

19 Horst Bresser

Cranger Kirmes

An fünf Tagen im Jahr melden vier Zechen im Ruhrgebiet übereinstimmend sinkende Förderziffern. An fünf Tagen im Jahr ist die Bundesstraße Nr. 226 zwischen Buer und Bochum auf einer Länge von über sechs Kilometern gesperrt. An fünf Tagen im Jahr fahren die Sonderzüge der Bundesbahn nicht nur hinaus aus den Ruhrstädten in die Erholungsgebiete ringsum, sondern gerade umgekehrt auch einmal mitten hinein ins Revier: Das ist die Zeit der Cranger Kirmes.

Crange – vor hundert Jahren noch ein kleines Dorf – erging es wie vielen ländlichen Siedlungen im Ruhrgebiet: Beinahe über Nacht wurde es Stadt, genauer: Stadtteil der beiden größeren Nachbargemeinden Wanne und Eickel. Wo sich einst Felder und Weiden erstreckten, stehen heute entlang der Straßen graue Backsteinhäuser. Wahllos verstreut und wie zum Hohn wohlgeplanter Fluchtlinien liegen dazwischen noch hier und da einige Bauernhöfe. Aber das Grün hat es schwer gegen das Grau der Industrie. Crange ist auf Kohle gebaut.

An jenen 5 Tagen aber, jährlich im August, strahlen in Crange Tausende von Lichtern, rasseln von 10 Uhr früh bis 1 Uhr nachts Karussels und Geisterbahnen, drehen Räder und Rotore, ertönt das heisere Krächzen der Ausrufer aus den Lautsprechern, zieht der vertraut-verführerische Geruch von gerösteten Mandeln, gebratener Wurst und gegrillten Hühnern aus hellerleuchteten Buden. Fünf Tage lang gibt sich das an den übrigen 360 Tagen des Jahres ernste und stille Crange als glitzernde Märchenstadt und lautstark fröhlichen Tummelplatz des Massenvergnügens.

Crange feiert mit seltener Ausschließlichkeit. Überall ist Kirmes im Ort. Nicht nur die Bundesstraße ist von der Lustbarkeit blockiert. Auch in den Nebenstraßen sind Schießstände und Spielgeschäfte aufgebaut. Schilder hängen an den Häusern: „Ausschank“ oder „Bier und Musik im Garten“ steht darauf. „Anlieger“

haben hinter ihren Häusern Tische und Stühle aufgestellt. Sie verkaufen Getränke und versuchen auf diese Weise, sich ein wenig für den Lärm, der sie jetzt beinahe eine Woche lang nicht schlafen läßt, selbst zu entschädigen.

Der Strom der Menschen führt einen gemächlich, doch unaufhaltsam mit – kilometerweit, glaubt man. Erst dann kommt man zum eigentlichen Rummelplatz, dem Platz der großen Attraktionen, der Achterbahnen, Karussels und Bierzelte.

Für 30 Pfennig muß man sich das Vergnügen einer Fahrt mit dem Riesenrad leisten. 6500 qm ist das Kirmesgelände groß, heißt es offiziell. Erst von hier oben – aus einer der schwankenden Luftgondeln – kann man sich ein Bild davon machen: weit reicht die Kirmes über den Platz hinaus und setzt sich buntschillernd in Straßen und Gassen fort. Ringsum am Horizont sieht man Fördertürme und Kohlenhalden: Jeder Dritte in der 107000-Einwohner-Stadt Wanne-Eickel ist Bergmann. Im Norden erkennt man im grauen Dunst einige Hallen und Kräne. Der Hafen am Rhein-Herne-Kanal. Dahinter irgendwo müßte die Emscher liegen. Den schwärzesten Fluß Europas hat man sie genannt. Sie hat der Gegend hier den Namen gegeben: Emscherbruch.

Im Mittelalter wurden im Emscherbruch, einer ursprünglich ländlichen Talebene, Wildpferde gezüchtet. Das Gebiet war größer als der Blick heute vom 23 Meter hohen Riesenrad reicht. In einer Länge von 25 und einer Breite von sechs Kilometern zog sich die Wildbahn hin – ein Gebiet, das heute die Großstädte Recklinghausen, Herne, Buer, Gelsenkirchen, Bottrop und Wanne-Eickel umfaßt.

Crange war damals der Mittelpunkt der Pferdezucht. Hier wurden die braunen westfälischen „Dickköppe", wie man sie nannte, großgezogen und teuer verkauft. Kavallerieschulen[1] vieler Länder bevorzugten die Tiere, und noch heute weist man in Crange stolz darauf hin, daß Napoleons Reitergeneral Murat ein besonderer Liebhaber der „Emscherbrücher" war.

„Pferdestricker" hießen damals die tollkühnen Männer, die hinter den Wildpferden herjagten und sie mit Seilen einfingen. Man sagt ihnen Fertigkeiten im Lassowerfen nach, die sonst bestenfalls altgediente Cowboys besaßen.

Einmal im Jahr nun, am 10. August, dem St. Laurentiustag, veranstalteten die Pferdestricker des Emscherbruchs eine wildbewegte Treibjagd, und daran schloß sich der Pferdemarkt und endlich ein großes Fest in Crange an: Die Cranger Kirmes war geboren.

In Wanne-Eickel ist man sehr stolz auf diesen Ursprung. 1435 sollen sich hier zum ersten Male Pferdefänger und Pferdehändler getroffen haben. Mit einigem Recht konnte die Stadt deshalb in diesem Jahr das 525. Heimatfest des Emscherbruchs begehen.

Geblieben aber ist das große Volksfest. Melancholisch mutet es an, wenn man heute auf dem Kirmesplatz in einer Manege Ponies stur und stumpf im Kreise trotten sieht. Das Pferd hat Seltenheitswert bekommen, es ist eine Kirmesattraktion geworden. Eine Attraktion besonders für die Kinder, unter denen heute sicherlich manches ist, das noch nie ein lebendiges Pferd gesehen hat.

Die Tradition allerdings wird hochgehalten in Wanne-Eickel. In diesem Jahr wurde noch einmal ein Pferdemarkt abgehalten. Der Ausflug in die Vergangen-

[1] Kavallerie: Reitertruppe

heit hatte keinen praktischen Sinn, dafür aber viel symbolische Bedeutung – ungefähr so viel wie das springende Pferd im Wappen der Stadt. Auf dem Kirmesplatz aber ist heute nicht mehr von Pferden, viel eher von Pferdestärken die Rede. Das Publikum verlangt in jedem Jahr nach immer schnelleren Karussels, Selbstfahrern, Achterbahnen, Flugzeugen. Es will die Sensation. Es ist schwer geworden, hört man, für die biederen Kettenkarussels neben chromblitzenden Autoscootern zu bestehen. Die Konkurrenz unter den Schaustellern ist groß.

Und doch: Es gibt sie auch hier noch, die gute alte Schießbude, von der man eine Papierblume oder ein Lebkuchenherz „Auf ewig Dein" nach Hause trägt. Und der Plunder der Ausspielgeschäfte ist im Grunde genauso kitschig, wie er immer war. Auch wenn jetzt Teddybären und – seltsamer Gegensatz – spitzbusige Negerinnen bei gymnastischen Übungen die porzellanen Schäferhunde und kristallenen Vasen abgelöst haben. *(1960)*

20 Markus Günther

Traumlandpark träumt von Walt Disney und Ludwig II.

Nachbau des Märchenschlosses Neuschwanstein erinnert ans kalifornische Disneyland – Neue Attraktionen in Planung

WAZ BOTTROP

Der Traumlandpark in Kirchhellen entwickelt sich mehr und mehr zum Disneyland des Ruhrgebiets. Auch mit der berühmten Nachbildung des Märchenschlosses Neuschwanstein in dem kalifornischen Vergnügungspark kann das Bottroper „Traumland" jetzt konkurrieren. Es hat sich sein eigenes Neuschwanstein gebaut. Zwar nur wenige Meter hoch, begeistert es doch vor allem durch die große Originaltreue die Besucher. Das Modell, das erst vor einigen Tagen fertiggestellt wurde, bildet den Grundstein für eine neue Abteilung im Traumlandpark, in dem schon bald eine ganze Reihe von Schloßnachbauten stehen soll. „Wir haben das Ludwig-Jahr zum Anlaß genommen, mit Neuschwanstein anzufangen, nach und nach wollen wir noch andere berühmte europäische Schlösser nachbauen", erklärte Gesellschafter Wolf-Dieter Jahn.

Bei strahlendem Wetter standen am Wochenende auch die Fahrgeschäfte wieder im Blickpunkt des Interesses. Kaum einer der rund 8000 Besucher, die allein gestern nach Kirchhellen strömten, ließ die rasante Fahrt durch die Doppelspirale der Achterbahn, einen Flug auf dem „fliegenden Teppich“ oder den halsbrecherischen „Alpenblitz“ aus.

Reizvoll war aber auch ein Besuch beim Bauchredner Kay, dem Zauberer Kirka, oder der Hypnose- Show des Künstlers Rasti Rostilli. Er hypnotisierte die Besucher gleich dutzendweise, ließ sie unverletzt über Glasscherben gehen, ließ sie den Geschmack einer Zitrone für den einer Apfelsine halten und trieb jede Menge anderen Schabernack mit den Zuschauern, die sich freiwillig gemeldet hatten.

Am Sonntag sprach Gesellschafter Wolf-Dieter Jahn mit der WAZ auch über die kurz- und langfristigen Zukunftspläne des Traumlandparks.

Den Kindern mehr bieten

Oberstes Ziel bei der Planung sei, den Park attraktiver zu gestalten. Hierbei sollten besonders die Interessen der Kinder berücksichtigt werden. Erster Schritt in diese Richtung ist der Bau eines riesigen Abenteuerspielplatzes mit den verschiedensten Spielmöglichkeiten. Weitere Bereicherungen sollen schon in der nächsten Saison eine Wildwasserbahn, ein zwei Hektar großer See und eine Schwebebahn über dem Wasser sein. *(1986)*

21 Holger Jörki

Polnisches Adreßbuch oder die Aufstellung vom FC Schalke 04?

Am 24. August 1939, eine Woche vor dem Ausbruch des Zweiten Weltkrieges, sahen im Duisburger Wedau-Stadion 20000 Zuschauer ein Fußballspiel – die Pokalbegegnung zwischen dem renommierten FC Schalke 04 und dem außerhalb der Grenzen von Duisburg nur wenigen bekannten VfvB Alsum. Als der Stadionsprecher die Namen der 22 Akteure verlas, konnten Uneingeweihte den Eindruck gewinnen, es träfen zwei polnische Mannschaften aufeinander. Tibulski, Gellesch, Szepan, Kuzorra, Kalwitzki auf der einen, Sworowski, Pawlowitz, Dzikowski, Gaczenski, Karowski und Marotz auf der anderen Seite.

Komplizierte Namen, die im Ruhrgebiet jedem geläufig sind. Man könnte in zwangloser Chronologie und ohne Anspruch auf Vollständigkeit ein weiteres Dutzend Namen hinzufügen.

In der Erinnerung erscheinen die Bilder der Vergangenheit in verklärtem Licht. Auch im Raum Alsum. Den VfvB, Schalkes Pokalgegner vor 46 Jahren, gibt es nicht mehr. Den grauen Hamborner Ortsteil hat die Thyssenhütte geschluckt. Den ehemaligen Fußballplatz, auf dem es für die großen Mannschaften nicht viel zu gewinnen gab, bedeckt eine Müllkippe.

Dennoch schwärmen die Senioren, die Pensionäre jenseits der Sechzig, in ihren gemütlich-schummerigen Kneipen, die „Zur Walzstraße“, „Zum Anstich“ oder „Zum Hochofen“ heißen, von den großen Taten ihrer Jugendidole, deren Vorfahren in langen Trecks[1] um die Jahrhundertwende und später, vornehmlich nach dem Ersten Weltkrieg, aus dem Osten kamen – aus Ost- und Westpreußen, aus Schlesien, Pommern und den derzeitigen westpolnischen Gebieten.

Sie suchten für sich und ihre Familien bessere Lebensbedingungen und fanden sie im Ruhrgebiet, das sich in wenigen Jahrzehnten zum größten Industriezentrum Europas entwickelte. Sie arbeiteten in den großen Eisen- und Stahlfirmen und in den Zechen, den „Pütts“, als „Kumpel vor Kohle“.

Die knorrigen Männer mit den „Kis“, den „Cezets“ und „Ypsilons“ waren nicht nur fleißige „Malocher“, die sich in ihrer einfachen Mentalität[2] der Stammbevölkerung anglichen und deren Respekt und Wohlwollen erwarben – sie besaßen neben ihrer Integrationsfähigkeit eine weitere schätzenswerte Begabung: Sie konnten famos Fußball spielen. Unter ihrem aktiven Einfluß reifte der „Fußball Marke Kohlenpott“ auch außerhalb der regionalen Grenzen zum allgemein anerkannten Gütezeichen.

Jede Stadt des Reviers, nahezu jeder Klub an der Peripherie, erlebte zwischen 1930 und 1970 irgendwann seine Kicker-Hochzeit. Und es gab kaum eine Mannschaft, in der nicht wenigstens drei oder vier Spieler von osteuropäischer Herkunft standen. Fußball war die Lieblingsbeschäftigung der schwer arbeitenden Menschen, und wer „zwei linke Füße“ hatte und nicht „pöhlen“ konnte, sympathisierte mit seinem Klub und stand – das war Ehrensache – am Wochenende am

[1] Treck: Zug, Auszug, Auswanderung
[2] Mentalität: Denk- und Anschauungsweise, Sinnesart

Spielfeldrand, die kleine Schnapspulle, „Flachmann“ genannt, in der Tasche. Und zum „Prösterken“ gab es immer Anlaß. „Ein Schlücksken“ war gleichermaßen gut – für die Freude oder gegen den Ärger, der sich in drastischen, jedoch immer bildhaft klaren Formulierungen äußerte: „Der hat en Aktionsradius wie ein Bierdeckel“ oder „Dem kannze beim Laufen die Hose flicken“. Bei Lob wurde das feinere Vokabular bemüht: „Achte mal auf die Fingerfertigkeit seiner Füße.“

Man ging etwa zum Arbeiterklub Hamborn 07, Konkurrent in Groß-Duisburg von der „Union“, deren populärster Sohn der fünfzehnfache Nationalspieler „Päule“ Zielinski war. An Hamborn ging auch die erste deutsche Jugendmeisterschaft. Oder zum traditionsreichen Duisburger Spielverein, der in seinem Briefkopf zehn Weltmeisterschaften auswies. Zu Rot-Weiß Oberhausen, aus dem Willi Jürissen und Erich Juskowiak hervorgingen, zu Schwarz-Weiß (1959 Pokalsieger) oder Rot-Weiß Essen.

Die Nachkriegs-Ära des Revier-Fußballs, die ersten Jahre nach 1945, waren turbulent. In keiner anderen Region Deutschlands vollzog sich nach den Wirren des Zweiten Weltkrieges die Entwicklung schneller, konsequenter und erfolgreicher. Als sich der Spielbetrieb allmählich wieder normalisierte, dominierten in der damaligen Oberliga West die Mannschaften in der Nähe der Hochöfen und Fördertürme.

Entlang der Bundesstraße 1, dem Ruhr-Schnellweg, stellten Vereine wie Sportfreunde Katernberg, Westfalia Herne, SV Sodingen und Spielvereinigung Erkenschwick mit ihren Erfolgen die bisherige Wertskala auf den Kopf.

20000 Fans und mehr drängelten sich in den notdürftig hergerichteten Stadien. Hans Tilkowski, Alfred Pyka und Helmut Benthaus (Herne), Günter Sawitzki und Gerd Hapers (Sodingen), Horst Szymaniak (Erkenschwick) und Helmut Rahn (Katernberg) waren über Nacht zu Stars geworden und strickten noch in der Fußballprovinz an ihren Karrieren, die ihnen sportliche Anerkennung (alle wurden Nationalspieler) und eine Menge Geld einbrachten.

Prototyp[3] des Fußball-Globetrotters[4] war der elegante Techniker Szymaniak, der nach Lehrjahren in Erkenschwick beim Wuppertaler SV anheuerte, von dort zum Karlsruher SV wanderte, bei seinen Gastrollen in Italien (Catania, Inter Mailand und Varese) sich gut verkaufte und noch als Mittdreißiger beim schwächsten Bundesligisten aller Zeiten, bei der Berliner Tasmania, satte Lohntage kassierte. 43mal stand der „Junge aus dem Kohlenpott“ in der Nationalmannschaft – ein Original mit trockenem Humor. Als seine Mannschaftskameraden ihm bei der Weltmeisterschaft in Schweden 1958 rieten, sich bei der Vorstellung beim schwedischen König Gustaf-Adolf leicht zu verneigen, meinte „Schimmi“: „Watt heißt hier König? Die Brüder seh' ich oft bei unseren Schützenfesten in Erkenschwick.“

Mit der Einführung des Professionalismus[5] im Fußball verlor auch im Ruhrgebiet der Fan seinen engen Kontakt zu seinem Star, der sich längst eine Geheimnummer zugelegt hat und sich am Telefon mit einem anonymen „Ja, bitte?“ meldet. Die „modernen“ Arenen vom Zuschnitt der Gelsenkirchener Betonschüssel, die man – merkwürdig genug – „Parkstadion“ taufte, trennen Zuschauer

---

3) Prototyp: Muster, Urbild, Inbegriff
4) Globetrotter: Weltbummler
5) Professionalismus: Berufssportlertum

und Spieler in Volk und Gladiatoren[6]. Dort, wo früher die Zuschauer ihre Kicker vor dem Anpfiff mit einem aufmunternden Klaps („Mach's gut, Junge") auf das Spielfeld schickten, sind stählerne Gitter angebracht.

Die stolzen Triumphe der Reviervereine sind rar geworden. Der Ballspielverein Borussia (BVB) 09 Dortmund, der erst kurz vor dem Ende dieses Spieljahres auf sportlichem Terrain die entscheidenden Schritte zur Sicherung seiner Erstklassigkeit tat, schwebt an der Grenze des wirtschaftlichen Bankrotts und muß um seine Lizenz für die Saison 1985/86 bangen.

Über die Ursachen dieser Entwicklung grübelt Ernst Kuzorra, der am 16. Oktober seinen 60. Geburtstag feiert. In der kleinen Pinte neben der Glückauf-Kampfbahn, auf der nur noch die Amateure spielen, steht der Begründer des Schalker „Kreisels", der mit seinem 1974 verstorbenen Schwager Fritz Szepan privat und auf dem Rasen harmonierte und einen vorher unbekannten Zechenort in ganz Europa bekannt machte, fast jeden Vormittag den weniger werdenden Fans Rede und Antwort. „Dat alte Schalke is tot", sagt der Ehrenpräsident und ehemalige Kapitän. „Kucken Se doch nur auffe Straße – nix mehr los. Früher hat dat hier vor Menschen gebrummt und gewimmelt. Heute? – Furchbar! Die Firmen in dieser Ecke sind kaputtgegangen – überall Arbeitslosigkeit. Betrieb is nur noch in Buer, wo se dat neue Stadion gebaut ham. Aber bis dahin is et mir zu weit."

In der engen Gaststätte, die vor der Glückauf-Kampfbahn liegt, nicht im feinen VIP-Raum[7] des Parkstadions, umgeben von vergilbten Bildern an den Wänden, trinkt Ernst Kuzorra seine „Bierkes". Der 63 Jahre alte Herbert Burdenski, Vater des Bremer Torhüters Dieter Burdenski, früherer Nationalspieler wie sein Sohn, und Ötte Tibulski sind dabei.

Der pfiffige Tibulski, nach Meinung von Burdenski „Deutschlands erster Libero", macht sich lustig über die hochdotierten Profis von heute: „Wenn ich dat so sehe – nach jedem Zusammenprall bleim se liegen und markieren den Toten. Wenn ich mir nich 1948 dat Schienbein gebrochen hätte, wäre ich noch mit 40 dabei gewesen. Du, Ernst, hast noch mit 42 in der Ersten gespielt."

Kuzorra nickt zustimmend: „Von wegen Kondition. Wir haben unter Tage malocht und sind anschließend auffen Platz gegangen. Ich war 17: Sonntags morgens hab ich inne Jugend gespielt, en Würstken gegessen, kurz geduscht und danach inner Ersten weitergemacht. Außer Schalke gab et für uns nix."

Am Nebentisch sitzt ein Vater mit seinem Sohn. „Tschuldigung", sagt er, „können Se dem Jungen ein Autogramm gem?" Tibulski und Burdenski unterschreiben auf einem Blatt Papier. Ernst Kuzorra kramt aus seiner Brusttasche ein uraltes Foto hervor, das ihn im Meisterkranz zeigt.

„Wann gibbet", will der dankbare Vater wissen, „die näxte Meisterschaft für Schalke?" Kuzorra überlegt kurz, dann, trocken und augenzwinkernd: „Wenn wir wieder ein paar ‚Kis' und ‚Czets' in der Mannschaft ham." *(1985)*

---

6) Gladiatoren: Im alten Rom Teilnehmer an Kampfspielen auf Leben und Tod

7) VIP: englisch: very important person = bedeutende, wichtige Person, Berühmtheit

22 Michael Klaus
Nordkurve

Vor dem Spiel ist die Stimmung gut. Am Gleis 20 werden die Schalker Fans von der Polizei in Empfang genommen, und Hubsi schreit. „Guck mal! Die Bullen haben ja kackbraune Hosen an! Is' Herbst bei euch, wa!"

Eine Hundestaffel bildet einen Korridor vom Bahnhofsausgang zu den Straßenbahnen. „Die Gasse nicht verlassen!" ruft der Einsatzleiter durch das Megaphon[1]. „Die Gasse nicht verlassen!" Beim fünften Mal sagt er: „Die Gosse nicht verlassen!" Und sagt es so lange bis alle Hundeführer lachen. Ein paar Dortmunder Fans sind zur Begrüßung aufmarschiert und brüllen: „Und sollt' ich im Leben für Schalke mal schrein, dann müßt' ich im Scheißhaus geboren sein!"

Die Schalker antworten mit geballten Fäusten und: „Sieg Heil!"[2] Am Stadion werden die Schalker von Berittenen übernommen. Es hat angefangen zu regnen. Die Polizeipferde klatschen den Matsch hoch. „Komm noch näher, Bulle, dann heirate ich deinen Gaul!" schreit Hubsi.

Bodo und Täubchen werden von den Polizeibeamten durchsucht und müssen die Schnapsflaschen abgeben. Als Täubchen dann endlich sechs Bierbecher 'ranschleppt, pfeift der Schiedsrichter das Spiel an. In der 13. Minute schlägt Abramczik eine Flanke maßgerecht auf Burgsmüller, der nur noch den Kopf hinzuhalten braucht. In der 20. Minute bekommt Abramczik den Ball am Mittelkreis von Raducanu zugespielt, läuft bis in den Schalker Strafraum, ohne angegriffen zu werden, versetzt Dietz und knallt den Ball halb hoch am Towart vorbei ins Netz.

„Judas! Judas!" schreien die blauweißen Fans, während sich der ehemalige Schalker Rechtsaußen von seinen Mitspielern feiern läßt.

Kurz vor der Halbzeit will Schipper dem Dortmunder Koch einen Ball vom Fuß spitzeln und lenkt dabei das Leder ins eigene Tor. Als der Name Schipper auf der Anzeigentafel wie der Name eines bejubelten Torschützen aufblitzt, fliegen die ersten Raketen aus dem Pulk der Schalker Fans aufs Spielfeld. „Los! Runter!" schreit Hubsi. „Wir machen die Pötte platt!" Hubsi und Bodo und Täubchen rennen in die Toiletten, Hubsi hat Handschuhe an und schlägt mit der Faust die Kunststoffverkleidung der Lampen herunter. Bei den nächsten Faustschlägen zersplittern die Neons.

„Was ist denn?" fragt eine Stimme, „kann man nicht zur Toilette?" „Das Scheißhaus ist gerade geplatzt", antwortet Täubchen in freundlichem Ton.

„Jetzt mußt du mich festhalten", sagt Hubsi zu Bodo. Bodo stellt sich hinter Hubsi und packt ihn unter den Achseln. „Schön, wenn man einen hat, der einem mal unter die Arme greifen kann", sagt Hubsi. Dann springt er hoch und setzt die Stiefelabsätze ins Handwaschbecken. Er tritt das Becken aus der Halterung. Das Prozellan zerspringt auf den Fußbodenkacheln. „Jetzt die Tür!" Sie heben die Tür aus den Angeln und werfen sie schräg auf die Stufen zum Block.

„Die spielen schon wieder!" schreit Täubchen.

„Den Rest machen wir gleich", sagt Hubsi, und alle drei gehen nach oben.

[1] Megaphon: Sprachrohr
[2] „Sieg-Heil": nationalsozialistische Grußformel

Bei dem Drei zu Null bleibt es während der gesamten Spielzeit. Die Schalker kommen nicht ein einziges Mal gefährlich vor das Dortmunder Tor. Die Dortmunder überbrücken das Mittelfeld nach Belieben. Nur die Schalker Abwehr hat sich gefestigt, drischt aber die Bälle ohne Überlegung nach vorne. Die Dortmunder Fans schießen ihre Raketen in die Schalker Kolonie. Die Schalker kippen gemeinsam einen Imbißwagen um, müssen dann aber einzeln vor der heranreitenden Polizei fliehen.

Hubsi schmeißt im Laufen seinen blauweißen Schal über einen Bauzaun, zieht die Jacke mit dem Schalker Emblem auf links und erreicht den Bahnhof. Er lehnt sich außer Atem an die Fensterscheibe des Blumenladens. Als er sich Zigaretten kaufen will, wird er aber doch noch von Dortmundern gestellt. Sie reißen ihm die Jacke vom Leib, behalten sie als Trophäe, und fünf der Gelbschwarzen zerren ihn in die Toilette. Sie schlagen und treten ihn, ketten ihn an einen Klotopf und besprühen ihn mit schwarzer und gelber Lackfarbe. Den Kopf auf die Kacheln bepreßt, lacht Hubsi und versucht noch, die Dortmunder anzuspucken. Da stopfen sie ihm Klopapier in den Mund und verschwinden.

Hubsi hat Angst, sich erbrechen zu müssen und dann am Erbrochenen zu ersticken. Aber er gewöhnt sich an den Knebel. Das Würgen in der Kehle hört auf und kommt nur dann wieder, wenn er trotz Papier versucht, durch den Mund zu atmen.

Hubsi hat sich die Gesichter der Dortmunder nicht gemerkt. Er erinnert sich nur an die Tätowierungen an das Hakenkreuz mit der Schlange und an den Grabstein mit dem Namen Susi drauf. Um gehört zu werden, tritt er mit den Stiefeln gegen die Klotür, aber selbst die Stricher scheinen bei diesem Frühlingswetter lieber draußen zu arbeiten. Hubsi hat sehr viel Bier getrunken, kann nicht mehr an sich halten und macht sich die Hosen naß.

Hubsi hört ein- und abfahrende Züge. Er hört den Streit in der Damentoilette und die Lautsprecheransage in der Bahnhofshalle. Wieder vergißt er, durch die Nase zu atmen, und würgt.

Jemand kommt die Treppe herunter, stellt sich an die Pinkelrinne und sagt: „Gott mag es, wenn wir fröhlich sind. Er schenkt uns die Coca-Cola-Wolken am Himmel, sein eingetragenes Warenzeichen."

Hubsi tritt wieder mit den Stiefeln gegen die Klotür und hört erst auf damit, als der andere zwei Groschen in den Schließautomaten wirft und die Tür nach innen aufdrückt. [. . .]

Hinter der ersten Auffahrttreppe vom Güterbahnhof überqueren sie die Gleise. Es ist dunkel geworden. *(1986)*

23 Gudrun Kratz-Norbisrath

Sanft? Lieb? Blond? Nein Danke!

Herbert Grönemeyer: Rundumschlag gegen Vorurteile

Man entgeht ihm nicht. Ich sitze im Cafe und warte auf Herbert Grönemeyer – wer röhrt und schwitzt auf dem Videoschirm in der Ecke? Grönemeyer.

Er haut in die Tasten und ich sehe fasziniert zu: So sieht der also in Aktion aus. Auf der Plattenhülle kam er mir eher wie Kinski[1] vor. Von wegen, der sanfte Blonde aus Bochum! Als er dann vor mir steht, bin ich wieder überrascht. Auf der Straße wäre ich an diesem unauffälligen Typen glatt vorbeigelaufen.

Breit hockt er hinter seinem Teeglas. Ein Bild der Gelassenheit – aber er redet, redet. Die Worte kommen schnell und präzise, laufen wie geschmiert; er unterbricht seinen Satz, ohne zu stocken, schachtelt einen neuen hinein, noch einen, um genau da wieder anzusetzen, wo er eingehakt hat: Ein irres Tempo hat der drauf. Wenn Grönemeyer sich ärgert, spricht er astreines Ruhrdeutsch. Und er ärgert sich gern und mit Leidenschaft.

Als erstes stellt er klar: daß er nicht arrogant geworden ist, bloß, weil seine neue Platte stapelweise weggeht. Daß er sich überhaupt nicht verändert hat. Daß er nämlich kein Star ist. Daß er vor allem nicht so'n weicher Typ ist. Und daß er – Moment! Moment mal! Wogegen wehrt sich der Grönemeyer eigentlich so fürchterlich? Er schlägt rundum, fetzt nach allen Seiten. Dabei sieht er wirklich eher lieb aus.

Liegt hier ein Problem? Es ist, als wollte er ganz schnell und ganz nachhaltig beweisen, daß er gar nicht so ist, wie er aussieht. Aber er hat nun mal nicht den markigen Schädel von John Wayne[2], und wenn er so seine blonde Strähne schmeißt, dann muß man einfach an den Song denken, der aus jedem Lautsprecher dröhnt: Männer brauchen viel Zärtlichkeit . . .

Ich sehe ihn an, wie er ungeduldig gestikulierend von den bitterbösen Briefen erzählt, die er nach seiner Hauptrolle in dem Kinoerfolg „Das Boot" bekommen hat: „Die Leute haben sich meine Platte gekauft und schrieben dann, was ich für fürchterliche Musik machen würde, ich wär doch so nett in dem Film." Ich sehe ihn an, und mir fällt noch eine andere Stelle aus dem Lied ein: „Männer sind außen hart und innen ganz weich." [. . .]

[. . .] Er nennt sich selbst beim Nachnamen, sehr cool: „Ich versuche, auf meinen Platten auszudrücken, was Grönemeyer denkt." Er schafft Distanz, im-

---

1) Klaus Kinski: deutsch-österreichischer Schauspieler

2) John Wayne: amerikanischer Western-Darsteller

mer wieder; gegen die eigenen leidenschaftlichen Ausbrüche. Distanz vielleicht auch zu seinen Texten, die oft unerwartet gefühlvoll sind und die ihn maßlos aufregen, solange er an ihnen schreibt, wochenlang: „Ewig“, sagt er, „das ist immer ein absolutes Drama, dann eß’ ich wie ein Wahnsinniger und such’ mir alles mögliche, womit ich mich ablenken kann.“

Wie er Schauspieler geworden ist, mein Gott – da zuckt er die Schultern, das ist eine komische Geschichte; er wollte das gar nicht, Theater war ihm immer ein bißchen dubios, und er hat dann ja auch ein paar Rollen hingeschmissen, hat gesagt, das geht nicht, kann ich nicht, und das will ich auch gar nicht. Ich steig aus.

Er hatte das Riesenglück, daß er auf Peter Zadek[3] traf. Zadek, der ihn gefördert hat, ihm immer wieder Mut gemacht hat, trotz seiner Zicken: „Wo gibt’s das denn, wenn man eine Rolle daneben gesetzt hat oder zwei, dann kannste das doch vergessen.“

Wenn er auf Zadek zu sprechen kommt, fängt er an zu schwärmen, das ist so was wie eine ganze große Liebe. „Der hält zu den Leuten, das ist wirklich einmalig. Eine unheimliche Größe, ne tolle Figur. Ich hab das Glück gehabt, gleich am Anfang zu erleben, wie schön Theater sein kann. Sonst wäre ich nie Schauspieler geworden.“

Die andere große Liebe heißt Bochum. (Es gibt noch eine dritte – oder erste – die heißt Anna, aber über die sprechen wir nicht; „das ist mein Privatbereich“, sagt Grönemeyer zugeknöpft. Obwohl er ein Lied über sie gemacht hat, in dem eigentlich alles drinsteht.) Über Bochum spricht er um so lieber, obwohl es auch darüber ein Lied gibt: Bochum, du Blume im Revier ... Mir geht diese etwas merkwürdige Lyrik ja quer runter, aber er meint es ganz ehrlich. „Ich hab ne sehr schöne Jugend gehabt, das hat unheimlich Laune gemacht, die Zeit in Bochum, das war ziemlich wichtig für mich.“ Hat er zuviel eingestanden? Grönemeyer pfeift sich zurück. „Nee, ich will jetzt nicht in Gefühlsduselei verfallen.“

Es ist nicht leicht, ihm gerecht zu werden, Grönemeyer ist ganz Kampfbereitschaft, aber nur, um gehört zu werden. Von seinem Beruf spricht er mit unerwarteter Sanftheit, sagt, daß er ihn mit Liebe und Ernsthaftigkeit betreibe. Und er erwartet, daß man entsprechend mit ihm umgeht. Das Fernsehen hat ihm Angebote gemacht, aber Grönemeyer winkt ab. Heute sagt er nicht mehr einfach ja, heute will er erstmal sehen, „mit wieviel Liebe man behandelt wird. Was atmosphärisch auf einen zukommt. Denn da leidet ein Schauspieler am meisten drunter.“ [...]

Die Wirtin ist eine resolute Frau. Irre ich mich, oder guckt sogar sie ihren Stammgast mit schwimmenden Augen an? „Ich hab Sie im Fernsehen gesehen, jetzt muß ich richtig Abbitte tun. Gib mir mein Herz zurück, hieß das, was Sie da gesungen haben. Jetzt schimpf ich Sie auch nicht mehr wegen dem Lied von den Männern.“ Grönemeyer lächelt.

Es regnet. Tschüß, sage ich und will noch etwas Aufmunterndes über das Konzert heute abend anfügen, aber seine Augen sehen schon abwesend über mich weg. Er hat mir erzählt, daß er ein Mordslampenfieber hat. Noch drei Stunden, dann steht er auf der Bühne und die Fans zünden ihre Wunderkerzen an, hopsen, klatschen, rufen: Anna! Anna! wenn er seine Liebeserklärung rausrockt. Herbert Grönemeyer zieht die Jacke über den Kopf und trabt los, die Straße runter. Ich sehe ihm nach, und jetzt lächele ich. *(1985)*

---

3) Peter Zadek: deutscher Regisseur, u.a. am Bochumer Schauspielhaus

24 Axel Vornbäumen

Schimanski: Ein starkes Stück Deutschland

Wie Duisburg zur Filmstadt wurde

Tief im Westen, wo die Sonne verstaubt, ist es da wirklich besser, viel besser als man glaubt? So schlecht jedenfalls kann es nicht sein, dort, wo im Kino schon eine Kohlenpott-Kulisse bejubelt wird. Wiedererkennungseffekte der ganz besonderen Art. Denn die, die sich da im Vorprogramm an zwanzig Sekunden „Zahn um Zahn" ergötzen, erkennen nicht nur die Kulisse wieder, sie assoziieren auch gleich die dazu passende Figur: „Schimanski kommt inn Kinno".

Man ist hier schon recht tief im Westen – dort, wo er längst nicht mehr besungen wird und es auch längst nicht mehr nötig hat. Wo genau, weiß jedes Kind: In Duisburg. Warum? Na, wegen Schimanski. [...]

Köln hat BAP. Und Bochum hat Herbert Grönemeyer, der wiederum an Bochum hängt und dafür gesorgt hat, daß man nun zumindest dessen Postleitzahl im Kopf hat: 4630. Welche Postleitzahl hat Duisburg?

Wer weiß das schon? Duisburg – das ist etwas zum Nachgucken. Beim Nachdenken tut man sich schwer genug. [...] Und bis 1981 dachte man [...] nur an das bereits Bekannte: Kohle, Stahl und grau in grau. Bis zu jenem Sonntag. Es war der 28. Juni und 20.15 Uhr, als eine Kunstfigur Duisburg einnahm: Kriminalhauptkommissar Horst Schimanski war da, haute sich zwei rohe Eier zum Frühstück rein und kam unrasiert und reichlich verkatert zur Leiche. Duisburg hatte plötzlich jemanden zum Vorzeigen.

Das ist fast sechs Jahre her. Seit damals waren Schimanski mit Duisburg und Duisburg mit Schimanski in bislang 14 „Tatort"-Folgen auf dem Bildschirm und zweimal im Kino. Seitdem ist Schimanski für viele von der Kunstfigur zur Kultfigur aufgestiegen. Im Schnitt sind 20 Millionen Fernsehzuschauer dabei, wenn „Schimmi" auf Ganovenjagd geht. [...] „Götz George ist Schimanski". Ist Schimanski Duisburg?

Spurensuche. Wer sucht, der findet auch: [...] Bei Karstadt im zweiten Stock gibt es die Original-

Schimanski-Jacke, für 79 Mark, und ohne Anführungszeichen.

Doch [...] dort, wo man die Kulisse abgibt, im Milieu, wo der Film-Kommissar rauh, aber herzlich mit den Ganoven umgeht, versiegen die Spuren des gestylten Werbe-Schimanskis vollends: In Hochfeld, in Bruckhausen, in Ruhrort.

Duisburg-Ruhrort, wo mit dem gleichnamigen „Schimanski-Tatort" alles begann. In der Fürst-Bismarck-Straße zum Beispiel. Hier steht das Haus, aus dem gleich in der ersten Folge die ganze Einrichtung aus dem Fenster flog. Hier findet man auch Herbert, den Wirt aus der Kneipe „Zum Anker", die das Fernseh-Team ein paar Tage lang für seine Zwecke umfunktionierte. Die Requisiten, einige Fischernetze und eine Trennwand, wollten die Filmleute dalassen. Aber Herbert hat abgewunken. „Das hat zuviel Platz weggenommen." Auch die Rolle als Wirt wollte er nicht haben. „Das Bier hat dann diese Schauspielerin gezapft. Der hab' ich das gezeigt, die konnte das ganz gut. Muß man wohl sagen." Für eine spätere Folge hat er sich doch noch breitschlagen lassen und einen Rentner gemimt, der mit seinem Hund bei einer Hochzeit zuschaut. Doch sonst war da nicht viel.

Aufregung in Ruhrort gab es erst später. Als der Streifen im Fernsehen lief. Da fühlten sie sich falsch dargestellt, die Ruhrorter. Da wurde dann im „Anker" an der Theke geflucht und gesagt, „unsere Frauen sind doch nicht alles Huren". Und übelgenommen hat man den Fernseh-Leuten auch, daß da plötzlich Kneipen und Straßen in „Duisburg-Ruhrort" auftauchten, die gar nicht in Ruhrort zu finden sind.

Aufregung gab es überhaupt viel, in jenem Sommer '81. Nicht nur die Ruhrorter fühlten sich falsch in Szene gesetzt. Auch die Duisburger. Im Rathaus und in den örtlichen Lokalredaktionen hagelte es Anrufe mit dem Tenor: „Das ist nicht unsere Stadt." Da war ihnen allen zuviel Dreck, zuviel Hochofen, zuviel „Milieu" als Kulisse. Und im Rathaus fürchtete man, daß das ohnehin nicht besonders gute Image der Kommune vollends den Bach runtergehe.

Das hat sich geändert. An der Ruhr hatte man nach einiger Zeit kapiert, daß man immer mal wieder sonntags für neunzig Minuten als Hintergrund auch im Vordergrund steht. Oberbürgermeister Krings: „Bei einer Dienstreise nach Berlin kam ich mit dem Taxifahrer ins Gespräch. Dem fielen zu Duisburg zwei Dinge ein: das König-Pilsener und Schimanski." [...] Krings: „Und dann natürlich immer wieder Anrufe wegen seiner Jacke." Der OB hat im übrigen auch eine. Mit der ist er mal im Karneval als „Schimanski" gegangen. [...]

In Duisburg begann ein Wandel durch Annäherung. Stadt und Polizei unterstützen die Filmer mittlerweile nach Kräften. Straßen werden gesperrt, und „echte Beamte" beteiligen sich an den Dreharbeiten. Und die Bevölkerung spielt mit: als Statisten oder als Zuschauer am Straßenrand. Massenhaft.

Schimanski war also Duisburger geworden. Als es einmal eine große Schießerei auf offener Straße gab, da hingen alle in den Fenstern und schauten zu. Daß scharf geschossen worden war, wurde ihnen erst klar, als die Kripo die Zeugenvernehmung begann. „Wir dachten, hier wird ein Tatort gedreht", hieß es da. Die Fiktion war zur Realität geworden – und keiner hatte was gemerkt. [. . .]

Duisburg beginnt, sich als Filmstadt zu fühlen.

***

Dagobert Allhorn war Schimanski. Der 38jährige, zwischenzeitlich zum Kriminaloberrat aufgestiegene Beamte hat jahrelang das gemacht, was die Fernsehzuschauer immer wieder sonntags fasziniert: Morde aufklären. Meistens hat er dafür länger gebraucht, als sein Zelluloid-Kollege, dem dafür in der Regel nur neunzig Minuten zur Verfügung stehen. Doch ähnlich erfolgreich war er. Ein einziger Mordfall blieb während seiner Zeit als Leiter des 1. Kommissariats ungelöst und heute noch, wenn er durch die Straße fährt, wo es passierte, hat er ein komisches Gefühl. In Hamborn war das, im Milieu, das die Tatort-Filmer seiner Ansicht nach „ganz gut getroffen" haben.

Allhorn kennt das Milieu: In Hamborn, in Bruckhausen oder in Hochfeld, wo „die Figuren" sitzen, die sich das Bier kistenweise reinlaufen lassen und ihrem Kumpel irgendwann mal ohne Grund die leere Kiste auf den Kopf hauen. Wo der Jugendliche, der gerade ein paar Pflastersteine klaut, „bestimmt kein Straßenarbeiter ist". Wo die Junkies herumlungern, die „nix auf die Reihe kriegen und sich für keinen Film zu verkleiden brauchen". Wo du nicht im Nadelstreifenanzug ermitteln kannst, wenn du für voll genommen werden willst. Und er spricht die Sprache des „Milieus". Auch die komme im Film ganz gut rüber.

Selbst die Film-Stories findet der Kripo-Mann, der sie schon aus beruflichen Gründen anschaut, „weil man ja jedesmal wieder danach gefragt wird", bisweilen ganz spannend. Auch wenn er und seine Kollegen jede Menge bessere auf der Pfanne haben.

Die von dem 44jährigen Krefelder Helmut G. zum Beispiel, der die Gattin umbringen wollte und den Mordplan am Telefon mit seiner Schwester aus Duisburg besprochen hat, was einem Wartungstechniker im Fernmeldeamt auffiel, der seinerseits die Kripo verständigte. Die hat den Mann dann in letzter Minute aus einem Linienbus herausgeholt; das Messer hatte er schon dabei. Oder die von Meckie, dem „Top-Loddel" von Duisburg, der am hellichten Tag in einem Straßencafé festgenommen worden war. Bei der Verhandlung kam Meckie dann im Rollstuhl in den Gerichtssaal. Knochenkrebs. Haftverschonung. Doch als die Duisburger Polizei ein paar Wochen später gegen eine Kneipenmannschaft Fußball spielte, da lief Mecki zur zweiten Halbzeit als Rechtsaußen auf.

Geschichten, besser als jeder Krimi und so verrückt, wie letztlich nur das Leben sein kann. Allhorn: „Als die ersten Folgen liefen, wurde ich immer wieder gefragt, ob ich Schimanski einstellen würde. Da habe ich dann gesagt, der würde bei uns nicht einmal zur Bearbeitung von Fahrraddiebstählen taugen." Die Fragen seien damals einfach falsch gestellt worden. Mit der Wirklichkeit der Polizeiarbeit habe das alles nun einmal rein gar nichts zu tun. *(1987)*

VI. Grauer Pott oder grünes Revier?

25 Joseph Roth
Der Rauch verbindet Städte

Hier ist der Rauch ein Himmel. Alle Städte verbindet er. Er wölbt sich in einer grauen Kuppel über dem Land, das ihn selbst geboren hat und fortwährend neu gebärt. Wind, der ihn zerstreuen könnte, wird vom Rauch erstickt und begraben. Sonne, die ihn durchbohren möchte, wehrt er ab und hüllt sie in dichte Schwaden. Als wäre er nicht erdgezeugt und sein Wesen nicht vergänglich, erhebt er sich, erobert himmlische Regionen, wird konstant, bildet aus Nichts eine Substanz, ballt sich aus Schatten zum Körper und vergrößert unaufhörlich sein spezifisches Gewicht. Aus ungeheuren Schornsteinen zieht er neue Nahrung heran. Sie dampft zu ihm empor. Er ist Opfer, Gott und Priester. Milliarden kleiner Stäubchen atmet er wieder aus, er, ein Atem. Indem man ihn erzeugt, betet man ihn an. Man erzeugt ihn mit einem Fleiß, der mehr ist als Andacht. Man ist von ihm erfüllt.

Erfüllt ist von ihm die ganze große Stadt, die alle Städte des Ruhrgebiets zusammen bilden. Eine unheimliche Stadt aus kleinen und größeren Gruppen, durch Schienen, Drähte, Interessen verbunden und vom Rauch umwölbt, abgeschlossen von dem übrigen Land. Wäre es eine einzige, große, grausame Stadt, sie wäre immer noch phantastisch, aber nicht drohend gespenstisch. Eine große Stadt hat Zentren, Straßenzüge, verbunden durch den Sinn einer Anlage, sie hat Geschichte, und ihre nachkontrollierbare Entwicklung ist beruhigend. Sie hat eine Peripherie[1], eine ganz entschiedene Grenze, sie hört irgendwo auf und läuft in Land über. Hier aber ist ein Dutzend Anfänge, hier ist ein dutzendmal Ende. Land will beginnen, armseliges, rauchgeschwängertes Land, aber schon läuft ein Draht herbei und dementiert es. Große Fabrikwürfel aus Ziegelstein rücken

[1] Peripherie: Randgebiet (der Großstädte)

unversehens heran, stehen da, fester gegründet als Berge, Hügel, naturnotwendiger als Wälder. Jede kleine Stadt hat ihren Mittelpunkt, ihre Peripherie, ihre Entwicklung. Da sie aber alle vom Rauch zu einer einzigen Stadt vereinigt werden sollen, verliert ihre natürliche Anlage und ihre Geschichte an Glaubwürdigkeit, jedenfalls an Zweckmäßigkeit. Wozu? Wozu hier Essen, da Duisburg, Hamborn, Oberhausen, Mühlheim, Bottrop, Elberfeld, Barmen? Wozu so viele Namen, so viele Bürgermeister, so viele Magistratsbeamte für eine einzige Stadt? Zum Überfluß läuft noch in der Mitte eine Landesgrenze. Die Bewohner bilden sich ein, rechts Westfalen, links Rheinländer zu sein. Was aber sind sie? Bewohner des Rauchlands, der großen Rauchstadt, Gläubige des Rauchs, Arbeiter des Rauchs, Kinder des Rauchs.

Es ist, als wären die Bewohner der Städte weit zurück hinter der Vernunft und dem Streben der Städte selbst. Die Dinge haben einen besseren Zukunftsinstinkt als die Menschen. Die Menschen fühlen historisch, das heißt: rückwärts. Mauern, Straßen, Drähte, Schornsteine fühlen vorwärts. Die Menschen hemmen die Entwicklung. Sie hängen sentimentale Gewichte an die beflügelten Füße der Zeit. Jeder will seinen eigenen Kirchturm. Indessen wachsen die Schornsteine den Kirchtürmen über die Spitze. Verschiedenartige Glockenklänge verschlingt der Rauch. Er hüllt sie in seine düstere Wattesubstanz, daß sie nicht vernehmbar, geschweige denn zu unterscheiden sind. Jede Stadt hat ihr Theater, ihre Andenken, ihr Museum, ihre Geschichte. Aber nichts von diesen Dingen hat erhaltende Resonanz[2]. Denn die Dinge, die historischen (sogenannten „kulturellen"), leben vom Echo, das sie nährt. Hier aber ist kein Raum für Echo und Resonanz. Glockenklänge leben vom Widerhall, den sie erzeugen. Hier aber drängt sich Widerhall an Widerhall, und alle kämpfen gegeneinander, bis der Rauch kommt und sie erstickt.

Da haben einige kleine Städte ihre alten, winkligen, wenn man will, romantischen Teile. Man nennt so was: lauschig. Rings um sie schmettert die Zeit. Dröhnende Drähte umspannen sie. Alle zitternden Luftwellen sind erfüllt von radiogesprochenen Worten der Gegenwart. Was wollen diese schlummernden Portale, diese verträumten Schönheiten? Sie waren daheim, als der blaue Himmel noch über ihnen sich wölbte. Nun aber wölbt sich grauer Rauch über ihnen. Nun sind sie verschüttet von Millionen Kohlenstäubchen. Niemals, niemals wird ihre Wiederauferstehung erfolgen. Niemals mehr wird ein reiner, nackter Sonnenstreifen sie vergolden. Niemals wird ein sauberer Regen sie waschen. Niemals wird eine echte Wolke sie beschatten. Verloren sind sie in all ihrer Festigkeit. Sie waren für Jahrhunderte gebaut aus ewigem Stein, und nur weil ihre materielle Substanz so dauerhaft ist, sind sie noch da. Nicht, weil ihre Lebenskraft noch vorhanden ist. Sie sind wie alte Münzen aus solidem Silber, die keinen Währungswert mehr haben. Die lächerlichste Banknote aus dünnstem Papier ist gegenwärtiger.

Aus lächerlich dünnem Material sind die neuen Stadtteile. Da sind Wände, die man mit Daumen und Mittelfinger umspannen könnte. Da sind Baracken aus Holz und hohlem Ziegel. Da sind Schindeldächer, wie von Kindern aufgestülpt. Es steht, es fällt, es wird wieder aufgebaut. Soeben noch waren sie weiß, strahlend von neuer kurzlebiger Tünche. Jetzt sind sie schwarz wie faule Zähne. Jede Straße wie ein offener Mund.

2) Resonanz: Widerhall

Menschen wohnen hier. Menschen, die alle ein Ziel haben. Auch die Arbeitslosen haben ein Ziel. Sie schreiten aus. Wozu schlendern? Was ist hier zu sehn? Kinder spielen in der Straßenmitte. Alle Fenster sind gleich. Alle Häusertüren sind gleich. Hier sind nur Nummern verschieden. Alle Menschen haben den verbissenen Willen, ein Ziel zu erreichen. Vielleicht ist es die Arbeitslosenunterstützung. Vielleicht ist es der Konsumverein. Vielleicht ist es das Versammlungslokal. Vielleicht ist es ein Einbruch. Vielleicht ist es die Revolution. Vielleicht ist es das Kino.

Ach, es ist so gleichgültig! Ein Ziel wie das andere. Eine Stadt wie die andere. Eine Straße wie die andere. Steig in die Straßenbahn. Du bist in einer halben Stunde in der nächsten Stadt. Hat sich was geändert? Rauch über der Welt! Man fährt nach Oberhausen, von da nach Mülheim, von da nach Recklinghausen, nach Bochum, nach Gladbeck, nach Buer, nach Hamborn, nach Bottrop. Rauch über der Welt! Kein Himmel, keine Wolke! Regen, der aus Rauch kommt. Schwarzer Regen. Hundert Schornsteine, aufgestreckte Zeigefinger, Säulen des Rauchhimmels, Altäre des Gottes Rauch. Schienen auf der Erde, korrespondierende[3] Drähte in der Luft. Eine einzig grausame Stadt aus Steinhäufchen, aus Städtchen-Gruppen. Dazwischen läuft eine eingebildete Landesgrenze. Aber darüber wölbt sich ein einheitlicher Himmel aus Rauch, Rauch, Rauch. *(1926)*

3) korrespondierend: in Verbindung stehend, übereinstimmend

26 Dieter Fitzau

Der Kohlenpott ist grün

Aus dem häßlichen Revier wurde ein Ausflugsziel

Der lange Abschied ist nun wirklich zuende, die Bürgermeister, die Stadtdirektoren und sogar die beamteten Werbemenschen aus den Verkehrsbüros sagen jetzt die Wahrheit, wenn sie sagen: Das Ruhrgebiet ist grün.

Jahr und Jahrzehnte lang wollte es den Deutschen nahe und weit vom Revier wie das Geflunkere von Gesundbetern erscheinen, wenn sie hörten, wie Stadtväter von Essen und Dortmund, von Wanne und Eickel auf das Grün ihrer Bäume und Wiesen verwiesen – und tatsächlich war's da schon mal ganz schön geflunkert, wenn diese oder jene Ruhrstadt zum „Grünen Herzen des Reviers“ ernannt wurde. Die Stadtväter lebten damals in einer Not, nach der sie sich heute sehnen: Bei einem Überangebot an Arbeitsplätzen mußten sie Fachkräfte aus dem übrigen Bundesgebiet in den als häßlich verrufenen Kohlenpott locken.

Irgendwann nach dem zweiten Weltkrieg begann der lange Abschied des schwarzgrauen Reviers von den Gewitterfarben, die es der Kohle, dem Stahl verdankt und dem Auswurf, der mit der Förderung des Gesteins und dem Kochen des Erzes verbunden ist. Und es hängt mit der Unvernunft der Menschen zusammen, daß sie in den ersten Jahren das Grün noch nicht so wichtig nahmen, weil ihre Arbeit da auf vollen Touren lief, und sie unter Lebensqualität alles das verstanden, was man im Laden kaufen kann. Seit einigen Jahren aber nehmen sie das Grün ganz wichtig – seit nämlich ihre Arbeit nicht mehr auf vollen Touren läuft, und seitdem Lebensqualität nicht mehr mit Konsum verwechselt werden kann.

So ist zwischen Essen im Süden und Recklinghausen im Norden, zwischen Moers und Duisburg im Westen und Dortmund und Hamm im Osten eine Zone entstanden, deren Erlebniswert den eingeborenen Ruhrmenschen seit je ein Traum gewesen ist – ein Traum, den sie und den ihre Vorfahren sich allenfalls mal im Allgäu oder im Schwarzwald verwirklichen konnten, wenn's Geld denn reichte –, so ist aber auch eine Zone entstanden, die Nachbarn, und Rheinländern zumal, als Ausflugsziel lohnend erscheinen muß.

Es ist nicht nur Geschäftssinn, der den Ausflüglern einen Trip durch das Revier ermöglicht, es ist vor allem die Heimatliebe: Denn die Rundfahrtbusse sind zu weit mehr als der Hälfte besetzt von Einheimischen, die sich durch die ihnen seit Jahrzehnten vertraute Stadtlandschaft kutschieren lassen. Das kommt: Sie können sich an ihrer Heimat einfach nicht sattsehen. [. . .]

Grün ist teuer, das Idyll[1] hat seinen Preis. Im benachbarten Bochum sagen zwei Zahlen alles: Die Firma Krupp beschäftigte dort vor zehn Jahren noch 25 000 Menschen, in diesem Jahr sind es nur mehr 15 000. Weniger dem Idyll, mehr der Gesundheit der Menschen dient ein prachtvoller Grüngürtel zwischen beiden Städten, zwischen Essen und Bochum. Diese Wohltat für Auge und Lunge hat ökologische Funktionen[2], sie regelt das Klima, und es versteht sich von selbst, daß in diese satte Landschaft nichts hineingebaut werden darf.

Mit Unbehagen erinnern sich Essener eines Kahlschlags, dem in ihrem Stadtteil Steele alte kleine Häuser zum Opfer gefallen sind, deren Fachwerk-Skelette seinerzeit als unmodern und häßlich empfunden worden sind. So ist ja in anderen, gesegneteren deutschen Landschaften auch empfunden und verfahren worden, nur trifft das Ruhrgebiet jeder Abbruch eines denkmalwürdigen

1) Idyll: Zustand eines friedlichen und einfachen, meist ländlichen Lebens
2) ökologische Funktionen: die Umwelt betreffende Aufgaben

Hauses viel härter: Man hat eh nicht viele davon. Heute erleben daher alte Bergmannssiedlungen einen vor wenigen Jahren noch für unmöglich gehaltenen Zugewinn an materiellem[3] wie ideellem[4] Wert. Als Beispiele nämlich harmonischer und in sich geschlossener Wohnarchitektur großen Stils, aber auch als Vorbilder für die wiederentdeckte Möglichkeit menschlichen Zusammenlebens. Die Gruben- und Zechenarbeiter hängen an ihren Häuschen mit Garten und Taubenschlag, weil sie und ihre Familien da Wurzeln geschlagen haben, und es macht ihnen nichts aus, wenn ihre Siedlung schon mal Kapskolonie genannt wird – um den Kohl, der in ihren Gärten heranwächst, werden sie ja doch beneidet.

[...] Einfahrt in Wanne-Eickel, eine außerhalb des Reviers als so häßlich geltende Doppelstadt, daß Schlagerpoeten zu ihr nichts anderes als der Mond darüber eingefallen ist. Dabei heißt die heute von Herne eingemeindete Stadt korrekt sogar Bad Wanne-Eickel, denn sie ist als Solebad[5] anerkannt und soll an Rheuma Erkrankten ganz gut tun. Da wundert's einen, daß gerade Wanne-Eickel sich mit der Anlage von Grün so sehr zurückgehalten hat, aber die Stadtplaner geben dafür eine ganz schön pfiffige Erklärung ab: Das bißchen Grün in Wanne-Eickel wurde im Kinderwagenradius gepflanzt, nur ein kleines Stück ums Haus herum, damit der Nachwuchs ohne Mühe in die Natur geschoben werden kann. Die Älteren erreichen den Platz unterm Baum auch ohne große Umstände – weshalb die Minianlagen denn auch Pantoffelgrün genannt werden.

Gewaltig wird es dafür gleich hinter der Stadt, an der Grenze zu Gelsenkirchen, auf der ehemaligen Zeche „Graf Bismarck". Dort wird die größte Mülldeponie des Ruhrgebiets aufgeschüttet, sie soll einmal 90 Meter hoch werden, begrünt natürlich, ein Erholungsgebiet, von dessen Rücken aus sich weit ins Revier schauen läßt – in diese eindrucksvolle und nirgendwo sonst in Deutschland so kontrastreiche Landschaft aus Wälder und Seen, aus Schloten und Hochöfen. *(1984)*

3) materiell: stofflich, körperlich, sachlich, greifbar

4) ideell: geistig

5) Sole-Bad: Heilbad aus kochsalzhaltigem Wasser

27 Ingrid Müller-Münch

Das Paradies aus der Kloake

Bei Dortmund wird der begradigte Dellwiger Bach wieder in sein altes Bett gelegt

Ursprünglich war er wild und ungezähmt, sprang über die Ufer, wann er wollte, hielt sich an keine Regeln, keinen Plan. Dann zwängten Menschen ihn in ein Korsett und schnürten ihm 50 Jahre lang fast die Luft ab. Nun soll er seine Freiheit wiederbekommen, die Korsettstangen aus Beton und Stein werden gerade entfernt, und die im Laufe der Zeit schlaff gewordene Gestalt wünscht man

Vorher – nachher. Vor 50 Jahren wurde der Dellwiger Bach begradigt und in das Abwassersystem der Emscher integriert (Bild unten). So idyllisch wie vor dem Eingriff (Bild oben) soll die Bachlandschaft bis 1985 wieder werden. Ein kleines Feuchtgebiet gibt es dort schon (nebenstehendes Bild).

sich erneut uferlos und unbändig.

Der Dellwiger Bach wird renaturiert. So nennen Planer eine Aktion, durch die sie der Natur wieder auf die Sprünge helfen wollen: durch die sie etwas, das einmal war, auf dem Reißbrett rekonstruieren und durch Hydraulikbagger[1] an Ort und Stelle formen lassen wollen.

Während andernorts die Wasserexperten und Landschaftsplaner noch immer in schnurgeraden Bahnen denken und lenken, hat die Fachleute bei der Emscher-Genossenschaft die Liebe zum wirren Geschlängel gepackt. Angesteckt von der Idee, einem Nebenfluß der Emscher, dem domestizierten[2] Dellwiger Bach in Dortmund-Lütgendortmund, den Weg zurück zur Natur zu ebnen, stellte die nordrhein-westfälische Landesregierung neun Millionen Mark aus dem Ruhrgebiets-Programm zur Verfügung, den Rest von 2,5 Millionen Mark gaben die Mitglieder der Emscher-Genossenschaft, die im Einzugsgebiet des Gewässers liegenden Gemeinden, Bergwerksgesellschaften und Industriebetriebe. [...]

Das Pilotprojekt[3], einmalig in seiner Art, wäre nach Ansicht des hierfür bei der Emscher-Genossenschaft zuständigen Oberingenieurs Wilhelm Holzem vor zehn Jahren allerdings noch nicht denkbar gewesen. „Wenn wir damals gesagt hätten, wir nehmen bei dieser oder jener Planung Rücksicht auf einen Baum, hätte man uns für verrückt erklärt. Jetzt besteht ein Trend, der auf Erhaltung und Bewahrung hinausgeht."

Nur – im Emschertal ist nicht mehr viel zu erhalten und zu bewahren. Wenn hier Natürlichkeit verlangt wird, muß sie fabrikneu hergestellt werden. Nirgendwo sonst in der Bundesrepublik wurde ein Gebiet vom Menschen so in Besitz genommen, an der Oberfläche für seine Zwecke hergerichtet, untertage durchwühlt und ausgebeutet, wie das von der Emscher durchzogene rheinisch-westfälische Industrierevier. Die Kohlevorkommen hatten die Region attraktiv gemacht, die Natur mußte sich dem fügen – allen voran der Fluß mit seinen Nebenarmen.

1) Hydraulik: Antriebsvorrichtung mit Wasserdruck arbeitend
2) domestiziert: gezähmt
3) Pilotprojekt: Versuchsprojekt

Früher war das, was sich heute als krümmungslose Kloake[4] durch die Landschaft zieht, ein von Sümpfen und Seuchen begleitetes Wassernetz, das sich durch häßliche Überschwemmungen unbeliebt machte. Die romantischen Erinnerungen an frühere Zeiten lassen das Bild der wilden Pferde wiedererstehen, die sich in den versumpften Wiesen und Wäldern tummelten. Und von denen der letzte dieser Art ausdauernder und leistungsfähiger „Emscher-Brücher" 1834 von den Cowboys jener Zeit, den sogenannten „Pferdestrickern" eingefangen und auf dem Markt zu Crange meistbietend versteigert wurde.

Im Dortmunder Stadtarchiv schlummern, versteckt in alten Chroniken[5], noch Geschichten von Wilhelm Schaper, einem Maurerpolier, der seine Jugend gegen Ende des vorigen Jahrhunderts beschrieb: Als die Emscher noch so rein war, „daß man sogar Forellen darin fangen konnte". Als man im Schlammwasser der Zechen, das sich auf den Wiesen staute, herumplantschte. Und als der Wirt Ziegler einen großen Bretterverschlag in die Emscher hängte und mittels einer eisernen Drehbrücke die Höhe des Wasserstandes so regulierte, daß selbst Kinder dort baden konnten.

Doch nicht die Romantik bestimmte die Landschaft und das Leben. Wer hier das Sagen haben wollte, der mußte mit den Argumenten der Wirtschaftlichkeit ins Feld ziehen. Nur daraus erklärt sich der erste Anstoß vor über 200 Jahren, der Emscher an die Linie zu gehen. Eine „Gesellschaft zur Schiffbarmachung der Emscher für den Kohlentransport" plante von Pferden gezogene Nachen, die auf dem Wasserweg das schwarze Gold schleppen sollten.

[. . .] Als Mitte des vorigen Jahrhunderts der Bergbau aus dem Ruhrtal in die rheinisch-westfälische Region vordrang, war das Problem Emscher mit ihrem Drum und Dran nicht mehr länger aufzuschieben. Denn mit dem Abteufen[6] der Schächte, dem Abbau der Kohle, standen zwei Mißlichkeiten in der Welt, die es zu beheben galt: Zum einen sank der Boden über den abgebauten Flözen und mischte sich dadurch in die Gefälle und Fließgewohnheiten der Gewässer ein. Zum anderen mußte das aus den Gruben hochgepumpte Wasser irgendwo bleiben, möglichst kostengünstig. Anfangs noch goß man es einfach in die Landschaft. Als die Gegend jedoch mehr und mehr verdreckte, das Wasser buchstäblich zum Himmel stank, konnte einer vereinten Lösung nicht mehr länger ausgewichen werden.

Zu der Zeit hatte das Rheinisch-Westfälische schon einen ungeheuren Boom erlebt, war die Einwohnerzahl „in geradezu amerikanischem" Tempo – wie man es damals in ungebrochener Bewunderung für den neuen Kontinent nannte – innerhalb von 30 Jahren um fast eine Million auf 1,3 Millionen angewachsen. Die Berichte

[4] Kloake: Jauchegrube, Abwasserkanal
[5] Chronik: Aufzeichnung geschichtlicher Ereignisse
[6] abteufen: bergmännisch: einen Schacht herunterbringen

der Kreisärzte über Malaria, Ruhr und Typhus in den Überschwemmungsgebieten häuften sich. Doch erst um die Jahrhundertwende glaubte man endlich, die Lösung gefunden zu haben. Alle in der Gegend liegenden Gemeinden, Bergwerke und Industriebetriebe gründeten die „Genossenschaft zur Regelung der Vorflut und der Abwässerreinigung im Emscher-Gebiet“ die noch heute existierende Emscher-Genossenschaft.

Deren Experten arbeiteten nun ein Konzept aus: Warum all die Schlacke, all die verschlammten Grubengewässer, die Haushaltsorduren in Kanäle unter die Erde verschwinden lassen, wenn doch die Natur in weiser Voraussicht den Weg, den diese Abwässer nehmen könnten, geradezu vorgezeichnet hatte? Man mußte nur ein bißchen nachhelfen, mußte korrigieren und alles in geordnete Bahnen lenken.

Somit wurde aus einem verzweigten Flußnetz ein in Betonplatten gezwängtes Kanalisationssystem voller Exkremente[7], Grubendreck und verschmutzter Straßenabwässer, die offen und gradlinig durch die Landschaft strömen. [. . .]

Der Dellwiger Bach, ein Bestandteil des Emscher-Kanalnetzes, wird renaturiert. Vor 50 Jahren, als 1933 die Wasserbauer mit Steinhacke und Beton bis zu ihm vordrangen und seinen natürlichen Lauf bremsten und einschränkten, wurde er zu dem, was er nun nicht mehr bleiben soll: ein Abwasserkanal, dessen Ränder die Pappeln begrenzen und den Blick von der Stacheldrahtumzäunung ablenken, die an manchen Stellen den Zutritt verwehrt.

Jahrzehntelang hatte der Dellwiger Bach die Funktion, die Abwässer aus den Zechen Zollern II und III, neben denen vieler Haushalte, aufzufangen. Seitdem Mitte der 60er Jahre die Zechen dicht machten, hat er sich nur noch um 12000 Privathaushalte zu kümmern, so viele Menschen leben an seinem Rand.

Damit soll nun Schluß sein. Für die Abwässer und das auf Garagendächern, Straßenflächen und betonierten Höfen anfallende Regenwasser wird schnurgerade durch das Tal des Baches ein unterirdisches Kanalrohr verlegt, das nur für allzustarke Regenzeiten eine Überleitung in den neuzugründenden Naturbach erhält. Ansonsten soll der Dellwiger Bach nunmehr das Sauberste und Natürlichste werden, was man seit langem in dieser Gegend zu Gesicht bekam.

Seine Wiedergeburt läßt man sich etwas kosten. Doch hätte man ohnehin an ihm herumbasteln müssen, verlautet von den Wasserexperten der Emscher-Genossenschaft, da Bergschäden aus vergangenen Jahren das Betonbett ins Wanken gebracht haben. Die Wahl für ein solches Experiment fiel auf ihn, weil die Voraussetzungen für ein „Zurück zur Natur“ hier besonders günstig scheinen: Der verschmutzende Bergbau existiert nicht mehr, der Dellwiger Bach liegt in einem landschaftlich reizvollen Wald- und Wiesengelände und hat aus-

[7] Exkremente: Ausscheidungen, Kot

reichend Quellwasser, um sich auch im natürlichen Verlauf gut zu versorgen.

All das gab den Ausschlag für den Dellwiger Bach, als die nordrhein-westfälische Landesregierung vor einiger Zeit bei der Emscher-Genossenschaft anfragte: Habt ihr nicht einen Fluß, den es zu renaturieren lohnt? Einzige Bedingung für die hierzu angebotenen Gelder war, daß das Ganze schnell und wirksam durchgezogen werden sollte. Bis 1985, so lautete die unumstößliche Auflage, müßten die Gelder hierfür ausgegeben, das Projekt beendet sein.

Oberingenieur Wilhelm Holzem von der Emscher-Genossenschaft [. . .] wühlte [. . .] denn in alten Chroniken, suchte Zeichnungen oder Dokumente darüber, wie das Gewässer früher wohl verlaufen sein mag. Aus allem was er fand, war das allerdings nicht mehr eindeutig erkennbar. „Frei Hand mit dem Bleistift" zog er dann die Schlangenlinien, die der Dellwiger Bach demnächst im Wiesental nachvollziehen soll. Am oberen Verlauf werden die Solbefestigungen aus Beton erst einmal bleiben. Im mittleren Teil, dem Waldstück, sollen sie herausgenommen, das jetzige Bett jedoch weiter genutzt werden, und in der Talaue dann soll der Dellwiger Bach ein ganz neues, altaussehendes Bett bekommen. [. . .]

Ekkehard Brunn, sein hartnäkkiger Kritiker, schlägt dagegen vor, das ganze Flußbett, dessen Betonschalen heute von Moos überwuchert sind, seinem musealen Verfall zu übergeben. Hätte man nicht das, was da vor langer Zeit geschaffen worden ist, als ein technisches Meisterwerk seiner Zeit akzeptieren und wie einen Förderturm oder einen Hochofen unter Denkmalschutz stellen können, fragt Brunn. Muß man nicht heute, wenn man umweltbewußt planen will, das, was nun einmal geschaffen wurde, in die Veränderung mit einbeziehen?

„Die Platten der Trassenbefestigung des Dellwiger Baches würden mit der Zeit absacken, die Geschwindigkeitsbrecher würden sich nach und nach lösen, die Abstürze zur Belüftung einfallen, der Fluß sich seinen eigenen Weg graben", meint Brunn und will damit nicht ein Umdenken, weg von der Flußbegradigung kritisieren, sondern die perfektionistische[8] Herangehensweise, mit der ein Bach in den Stand des vorigen Jahrhunderts zurückversetzt werden soll. [. . .]

Statt eines parallel zum neuzugestaltenden Bachbett verlaufenden Abwässer-Rohrsystems hätte Brunn den Anwohnern ein vernünftiges Klärsystem vor die Tür gebaut, damit das gesamte Wasser der Region dem Dellwiger Bach demnächst geklärt zur Verfügung stehen könnte und nicht ein Großteil durch die Rohre der Landschaft entzogen wird. Was dagegen jetzt geplant wird, ist für Brunn glatte Nostalgie.

Für Wilhelm Holzem von der Emscher-Genossenschaft ist der Schutt lediglich die Reaktion auf die Kritik, die seit Bestehen des Emscher-Netzes in seinem Hause eingeht. „Wir werden täglich mit

[8] perfektionistisch: übertriebenes Streben nach Vervollkommnung

der Forderung bombardiert: ‚Macht die Schmutzwasserläufe zu!' Die Leute wollen das Gewässer ganz weg haben, wollen den Dreck nicht mehr sehen." Auf einem Bruchteil der kilometerlangen Kanalstraßen im rheinisch-westfälischen Industriegebiet wird auf umweltfreundliche Art diesem Wunsch nachgegeben.

Die ersten Pfosten stecken schon in der Wiese und weisen den Weg, mit dem der Bagger dem Dellwiger Bach demnächst zu neuer Freiheit verhelfen soll. Die Pappeln, die jetzt noch das Flußbett eingrenzen, werden dafür fallen müssen. Zufällig sind sie – so Holzem – ohnehin zum Schlage reif. Denn Weiden und Erlen sind es, die die neue Natürlichkeit repräsentieren sollen.

Ein Pilotprojekt also, das für die heutige Zeit genauso exemplarisch[9] steht, wie für die damalige das gigantische Kanalgewirr aus den Flüssen der Emscher-Region. Denn wenn schon im Zeitalter des Rhein-Main-Donau-Kanals der Weg zurück zur Natur von Amts wegen eingeschlagen wird, dann gehört es sich von selbst, daß er so perfekt, so durchgeplant und durchgestylt ist, wie das sechshundertfünfzigstufige Schleusensystem, das zwischen Mainz und der österreichisch-deutschen Grenze anzeigen soll, wo es nun wirklich langgeht. Der Dellwiger Bach – mag man nun für oder gegen seine Restaurierung im geplanten Ausmaße sein – ist da nur ein kleiner Umweg. *(1983)*

9) exemplarisch: beispielhaft

28 Hans Jürgen Poeschke

Herne soll die ungesundeste Stadt der Bundesrepublik sein

Zahlenspiele stempeln das Ruhrgebiet zum Schmutz-Revier
Hamburger Zeitschrift verteilte „Schulnoten" für die Luft

waz ESSEN/HAMBURG

So übel also soll es um uns stehen: Nicht nur schmutzig, auch gefährlich ist das Leben an Ruhr und Rhein. „Wo lebt man am gesündesten?" fragt die Hamburger Programm-Illustrierte „Hör zu" in ihrer neuesten Nummer und gibt sich selbst die klischeehafte Antwort: fern vom Ruhrgebiet. Umwelt und Sterben in 100 deutschen Städten werden in einer Art Bundesliga-Hitliste aufgelistet und verglichen. Fünf Revier-Gemeinden schieben die Hamburger mit seltsamen Zahlenspielen ans „ungesunde Ende" dieser Tabelle: Bochum, Oberhausen, Mülheim, Gelsenkirchen, Herne. Den Nachbarn ergeht es nicht viel besser. Keiner schaffte den Sprung unter die „sauberen 50". Lünen kommt als 55. noch am besten davon, Witten ist 60., Herten 75., Dortmund 77., und so geht's weiter flott bergab. Der blau gewordene Ruhr-Himmel ist für die „Nordlichter" noch immer dreckverhangen.

Doch wen der erste Schreck nicht blind macht, der kann Merkwürdiges in der heute erscheinenden Zeitschriften-Analyse entdecken. „Neueste Meßdaten und Informationen", heißt es unbestimmt im Begleittext, seien „analysiert und wie in der Schule von 1 bis 6 benotet" worden. Wie neu zum Beispiel die für das Revier besonders schlechten Schwefeldioxid-Werte sind und woher sie stammen, konnten am Donnerstag weder die verantwortliche Fachredakteurin Tennigkeit noch der stellvertretende Chefredakteur Miersch beantworten.

Miersch zur WAZ: „Ich vermute, es sind 1986er Zahlen." Die jedoch hat die Essener Landesanstalt für Immissionsschutz (LIS) noch gar nicht veröffentlicht. Und die vom Jahr zuvor liegen um bis zu 46 vH (Mülheim) unter den Illustrierten-Werten. Was die Zeitschrift veröffentlicht, erinnert an eine vom Umweltbundesamt herausgegebene Raster-Karte. Karl Tietmann, der Sprecher des Amtes: „Von diesen Zahlen kann man aber nicht auf einzelne Städte schließen."

„Gefahr von Pseudokrupp" sehen die Luft-Analytiker in fast allen Ruhrgebietsstädten gegeben. So in Herne, Bottrop, Gelsenkirchen und auch Recklinghausen.

Nahtlos angrenzende Nachbarstädte wie Marl, Gladbeck oder Herten aber bleiben trotz zum Teil sogar noch schlechterer Luftnoten aus nicht erläuterten Gründen von diesem die Noten drückenden Makel verschont.

Noch ratloser macht der Auto-Verkehr-Vergleich. München beispielsweise erhält für 1923 Autos je Quadratkilometer (Katalysator-Anteil: 3,5 vH) die Note 4, Mülheim für 949 (1,1 vH) die Note 5. Selbst bei Abzug der entgifteten Katalysator-Wagen rollen in der heimlichen Hauptstadt also noch gut doppelt so viele „Dreckschleudern“ wie in Mülheim. Bayern-Autos stinken offenbar anders. Miersch am Telefon: „Ich kann dazu nichts sagen.“

Ähnlich erhellend blieb sein Kommentar zu einem anderen Vergleich: 0,050 vH Todesfälle nach Atemwegserkrankungen (also einer auf 2000 Einwohner) werden für München aufgelistet. Bestnote 1! In Marl sind es 0,079 (1,58 auf 2000). Schlechteste Note: 6! Miersch dazu: „Reichen Sie Ihre Frage schriftlich ein, dann werde ich unser Experten-Team nach der Basis dieser Berechnungen fragen.“

Dieses Experten-Team ist eine Gruppe um den Umwelt-Journalisten Egmont R. Koch. Der hatte vor Jahren schon in einem Umwelt-Vergleich die „Lage der Nation“ beleuchtet. Umweltbundesamt-Sprecher Tietmann: „Damals war Koch von Fachleuten wegen unseriöser Vergleiche heftig gerügt worden.“ *(1987)*

29

Wo, bitte, geht's hier zum Ruhrgebiet?

Bildquellen

Aus: Stern, Nr. 23/1986 (S. 14)
Jürgen Held, Hagen (S. 19)
Bodo Goeke, Dortmund (S. 33)
Brigitte Kraemer, Essen (S. 42)
dpa, Düsseldorf (S. 47, 58, 60)
Birgit Schweizer, Bottrop (S. 52)
Emschergenossenschaft Lipperverband, Essen (S. 68, 69, 73)
Kommunalverband Ruhrgebiet, Essen (S. 76/77)

Quellennachweise

1 In: Chargesheimer: Im Ruhrgebiet, Köln u. Berlin 1958, S. 7f.
2 Magazin R, 2. Jg. 1980, H. 3, S. 4ff.
3 Stern, Nr. 23/1986.
4 Westdeutsche Allgemeine Zeitung, 20. 2. 1987.
5 Westdeutsche Allgemeine Zeitung, 21. 2. 1987.
6 Ebda.
7 Hattinger Bürgerzeitung, Nr. 2, Juni 1987.
8 In: Friedrich G. Kürbisch (Hg.): Dieses Land schläft einen unruhigen Schlaf. Sozialreportagen 1918–1945, Berlin und Bonn 1981, S. 47ff. (Dietz Verlag).
9 In: Bergarbeiter-Zeitung (Bochum), 28. 11. 1908.
10 In: Merian ‚Ruhrgebiet', München 1980, S. 82ff.
11 Westfälische Rundschau, 4. 12. 1986.
12 Frankfurter Rundschau, 16. 6. 1987.
13 Ebda.
14 Stefan Klein/Manja Karmon-Klein: Reportagen aus dem Ruhrgebiet, Frankfurt a.M. 1981, S. 126ff. (Fischer Taschenbuch Verlag).
15 Westdeutsche Allgemeine Zeitung, 26. 6. 1986.
16 In: Holzwurm. Zeitschrift für Recklinghausen, H. 66, Mai 1982.
17 Die Zeit, 19. 10. 1984.
18 Westfälische Rundschau, 24. 8. 1985.
19 In: Ruhrgebiet, H. 4/1960, S. 22ff.
20 In: Westdeutsche Allgemeine Zeitung, Lokalausgabe Bottrop, 4. 8. 1986.
21 Frankfurter Allgemeine Zeitung, 21. 6. 1985.
22 In: Revier-Kultur. Zeitschrift für Gesellschaft, Kunst, Politik im Ballungsraum, H. 1/1986, S. 92ff. (Klartext Verlag).
23 Gesichter des Reviers. Menschen aus dem Ruhrgebiet, Essen 1985, S. 21ff. (Klartext Verlag).
24 Frankfurter Rundschau, 4. 7. 1987.
25 Werke in vier Bänden, Bd. 3, Köln 1976, S. 42ff. (Kiepenheuer & Witsch).
26 Kölner Stadt-Anzeiger, 6./7. 7. 1984.
27 Frankfurter Rundschau, 29. 10. 1983.
28 Westdeutsche Allgemeine Zeitung, 5. 6. 1987.
29 In: Der Spiegel, Nr. 6 v. 3. 2. 1986. (Anzeige des Kommunalverbands Ruhrgebiet).

Sie sind schon mitten drin.

Gewiß, die Niederrheinlandschaft im Kreis Wesel ist eine besonders schöne Postkartenansicht des Ruhrgebiets, nicht überall ist die Natur so unberührt. Aber tatsächlich besteht das Ruhrgebiet keineswegs nur aus Hochöfen, Kohlehalden und Fördertürmen.

Das Revier ist dabei, sein Gesicht zu verändern. Schon heute sind 65 Prozent der Fläche „grün". In diesem größten industriellen Ballungsgebiet weiß man besser als irgendwo sonst, wie wichtig gerade hier die Natur für die Erholung der Menschen ist.

Innerhalb von zehn Jahren sind im Ruhrgebiet fünf riesige Revierparks mit ausgedehnten Wald- und Wasserflächen entstanden.

Zahlreiche Flüsse und Seen wurden vom Schmutz befreit: Die Ruhr zum Beispiel zählt heute zu den saubersten Industrieflüssen Deutschlands.

Große zusammenhängende Areale wie die Haard oder die Kirchheller Heide wurden von den Kommunen langfristig als Erholungsgebiete gesichert.

Auch an diesen Beispielen wird mal wieder deutlich:

Im Ruhrgebiet hat man schon immer etwas entschlossener gehandelt.

DAS RUHRGEBIET.

Ein starkes Stück Deutschland.